中华人民共和国内河船舶船员特殊培训系列教材

内河液化气船舶安全知识与操作

Ⓜ 中国海事服务中心组织编写

大连海事大学出版社

图书在版编目(CIP)数据

内河液化气船舶安全知识与操作 / 姚昌栋主编. —
大连：大连海事大学出版社, 2017.8
中华人民共和国内河船舶船员特殊培训系列教材
ISBN 978-7-5632-3514-8

Ⅰ.①内… Ⅱ.①姚… Ⅲ.①内河船 – 交通运输安全
– 技术培训 – 教材 Ⅳ.①U676.1

中国版本图书馆CIP数据核字(2017)第175212号

出 版 人：	徐华东
责任编辑：	王桂云
封面设计：	解瑶瑶
版式设计：	解瑶瑶
责任校对：	张　冰

出 版 者：	大连海事大学出版社
地址：	大连市凌海路1号
邮编：	116026
电话：	0411-84728394
传真：	0411-84727996
网址：	www.dmupress.com
邮箱：	cbs@dmupress.com
印 刷 者：	大连住友彩色印刷有限公司
发 行 者：	大连海事大学出版社

幅面尺寸：	185 mm×260 mm
印 张：	14
字 数：	300千字
印 数：	1～3000册

出版时间：	2017年8月第1版
印刷时间：	2017年8月第1次印刷
书 号：	ISBN 978-7-5632-3514-8
定 价：	65.00元

前　言

　　《中华人民共和国内河船舶船员特殊培训考试和发证办法》已于2015年4月1日生效，并增加了液化气船和液化气燃料动力船两个培训科目。为进一步做好内河船舶船员特殊培训、考试和发证工作，提高船员培训的质量，中国海事服务中心组织在内河船舶运输领域有着丰富教学、培训、实践经验的专家共同编写了《内河液化气船舶安全知识与操作》教材。

　　教材在编写过程中兼顾了全国各地内河液化气船舶的实际情况，同时考虑到内河航运事业的发展，采用了最新的资料、信息，具有时代特色和前瞻性。教材内容侧重于应知应会、安全知识、实际操作及各项工作的注意事项，务求实用和通俗易懂。

　　《内河液化气船舶安全知识与操作》适用于在内河液化气船上任职的船员。本书由南京油运海员培训中心姚昌栋主编，李家保、王云贵主审。参加编写人员有：陈洪生、腾光明、刘卫东、王爱兵、刁雨玲等。

　　教材在编写、出版过程中，得到了江苏海事局、南京海事局及南京长江油运公司等有关单位、部门和人员的大力支持和协作，在此表示衷心的感谢。

　　由于编者水平有限，时间仓促，书中难免有疏漏和不足之处，欢迎广大读者和专家批评指正。

中国海事服务中心

2017年4月

前 言

目录
CONTENTS

第一章

液化气货品的基本知识

❖ 第一节 液化气定义、货品种类、相关名词
❖ 第二节 我国液化气船的发展趋势

第一节 液化气定义、货品种类、相关名词

要点

　　液化气的定义、货品种类、相关名词是内河液化气船员首要了解的知识,只有了解其内涵,才可能更深入地了解内河液化气船!

必备知识

一、液化气定义

　　液化气体是指介质在最高使用温度下的饱和蒸气压力不小于0.1 MPa,且临界温度大于或等于-10 ℃的气体。液化气船舶载运的液化气是指常温常压下为气体的物质,如经过加压、降温或降温加压,都可能转化为液态的物质。国际海事组织规定的海上安全运输散装液化气体是温度为37.8 ℃时其蒸气压力超过0.28 MPa(绝对压力)的液化气体和IGC规则第19章所列的其他货品。

二、液化气货品种类

　　国际海事组织在IGC规则的第19章中列出了液化气体船所载运的34种液化气货物,如表1-1所示,其中有11种货品也包括在IBC规则内,在环境温度和大气压力的条件下,大多数液化气货品是呈气体状态的,只有异戊间二烯、异丙胺、氯化丙烯、偏二氯乙烯、乙醚、环氧乙烷/氧化丙烯混合物(环氧乙烷含量按重量计不超过30%)、戊烷、戊烯等8种货品在常温常压下是呈液体状态。当然,在船运状态下,所有的34种液化气货品都是液化后在液体状态下运输的。

表1-1 IGC规则规定的液化气货品总表

序号	货品名称	联合国编号	船型	货品状态	
				在大气环境下	在船运条件下
1	甲烷（液化天然气）	1972	2G	气体	液体
2	乙烷	1961	2G	气体	液体
3	丙烷	1978	2G/2PG	气体	液体
4	丁烷	1011	2G/2PG	气体	液体
5	溴甲烷	1062	1G	气体	液体
6	氯甲烷	1063	2G/2PG	气体	液体
7	氯乙烷	1037	2G/2PG	气体	液体
8	环氧乙烷	1040	1G	气体	液体
9	丁烷/丙烷混合物	1011/1978	2G/2PG	气体	液体
10	乙烯	1038	2G	气体	液体
11	氯乙烯	1086	2G/2PG	气体	液体
12	乙氧基乙烯*	1302	2G/2PG	气体	液体
13	丙烯	1077	2G/2PG	气体	液体
14	氯化丙烯*	1280	2G/2PG	液体	液体
15	丁烯	1012	2G/2PG	气体	液体
16	丁二烯	1010	2G/2PG	气体	液体
17	甲基乙炔-丙二烯混合物	1060	2G/2PG	气体	液体
18	异戊间二烯*	1218	2G/2PG	液体	液体
19	偏二氯乙烯（二氯乙烯）*	1303	2G/2PG	液体	液体
20	氮	2040	3G	气体	液体
21	氯	1017	1G	气体	液体
22	氨-无水的	1005	2G/2PG	气体	液体
23	二甲醚	1033	2G/2PG	气体	液体
24	乙醛	1089	2G/2PG	气体	液体
25	乙胺*	1036	2G/2PG	气体	液体
26	乙醚*	1155	2G/2PG	液体	液体
27	二氧化碳	1013	3G	气体	液体
28	二氧化硫	1079	1G	气体	液体
29	异丙胺*	1221	2G/2PG	液体	液体
30	二甲基胺	1032	2G/2PG	气体	液体
31	环氧乙烷/氧化丙烯混合物,但环氧乙烷含量按重量计不超过30%*	2983	2G/2PG	液体	液体
32	制冷剂气体（见注）	/	3G	气体	液体
33	戊烷（所有异构体）*	1265	2G/2PG	液体	液体
34	戊烯（所有异构体）*	1265	2G/2PG	液体	液体

注:货品名称后打(*)符号的,也包括在IBC规则内。

三、常见的液化气货品简介

在液化气货品的船舶运输中,最常见、运输量最大的是液化天然气(主要成分为甲烷)和液化石油气(主要成分为丙烷和丁烷)。

1.液化天然气(LNG)

液化天然气是从地底油气田中开采获得的碳氢化合物和非碳氢化合物的混合气体,主要成分是甲烷,另含有少量的乙烷、丙烷、丁烷等,是全球公认的最清洁能源,燃烧后对空气污染非常小,而且放出的热量大。

LNG是由天然气加压、降温、液化而得到的一种无色、无味、无毒且无腐蚀性的易挥发液体。LNG比水轻,密度仅为水的45%左右,不溶于水。

甲烷是天然气、沼气、油田气及煤矿坑道气的主要成分,占90%以上。甲烷是无色、无味、可燃的气体,爆炸极限(体积比)为5.3%~15%。

2.液化石油气(LPG)

液化石油气是碳氢化合物的混合物,主要成分是丙烷和丁烷,纯净的LPG无色、无味、无毒,但如货品不纯,含有较多的硫化氢等硫化物时,为无色气体或黄棕色油状液气,有特殊臭味及微毒,对人体中枢神经有麻醉作用。

LPG的密度随温度变化差异很大,其膨胀系数也较大,LPG液体容积膨胀系数是水的16倍,LPG比水轻约一半;LPG气态比重大,是空气密度的1.5~2.0倍。气化后的体积膨胀250~300倍即1升液相液化气能变成250~300升气相液化气。LPG通常可用加压、全/半冷冻等方式运输,适用的船型为2G/2PG。

LPG的闪点、沸点很低,均在0℃以下,爆炸范围(体积比)为1.5%~9.5%。

3.无水氨(LAG)

氨是用LPG船载运的一种常见液化气货品。与LPG相似,它也是将氨气液化后运输的,称为LAG。它作为化工生产的一种原材料,在水上运输贸易方面是仅次于LNG和LPG的第三大液化气货品。

四、液化气有关的名词术语

1.压力

压力是物体表面所受到的垂直作用力,常用单位有千克力(kgf)、牛顿(N)。法定单位为牛顿。

2.温度

温度是物体冷热程度的量度。表示温度常见的方法有三种,即摄氏度(用符号℃表示,温度值用 t 表示)、绝对温度/开氏温度(用符号K表示,温度值用 T 表示)和华氏温度(用符号℉表示,温度值用 F 表示)。

三种温度的换算关系为：$T=t+273.15=5/9(F+460)$

$$t=5/9(F-32)=T-273.15$$

$$F=9/5t+32=9/5(T-255)$$

3.体积

物质占据空间的大小量成为体积,标准单位为 m³和L(1 m³=1 000L)

4.密度

在一定的温度、压力条件下单位体积内物质的质量称为密度。即密度=质量/体积。常用单位为kg/m³、g/L 、kg/L、t/m³等。

液体密度与温度有关,必须注明测量温度。气体密度与温度和压力有关,必须同时注明测量时的温度和压力,如没有特别指明温度和压力,所指的密度一般是指标准状态下的密度,气体的标准状态是指温度为0 ℃,压力为1 个标准大气压的状态。

(1)液体相对密度:指定温度下某一液体的密度与给定温度下纯水的密度之比值。

(2)气体相对密度:是指在一定的温度和压力下,气体的密度和空气密度之比值。

5.比重

单位体积中所容纳的物质质量,也就是物质的质量与其体积的比值。

6.液体比重

液体物质在一定的温度下,单位体积的质量与相同温度或不同的已知温度下相同体积的纯淡水重量之比。

7.沸点

沸点是液体沸腾时的温度。

8.闪点

闪点,指易燃液体的蒸气与空气的混合物可被点燃、产生瞬间闪光的最低温度。

9.凝点

凝点,指在规定的冷却条件下,液态流体停止流动的最高温度。

10.气化潜热

气化潜热,是指在等温等压情况下,使单位质量的液体完全气化时所吸收的热能。

11.自燃温度

自燃温度,是指不需外界火源,加热到足够高的温度,即能使可燃物质自行燃烧的最低温度。

12.燃烧

燃烧,是可燃物质与氧气在一定温度条件下发生剧烈化学反应时的发光、发热现象。燃烧反应的特征是放热、发光和生产新物质。可燃物质燃烧,必须同时具备可燃物质、氧(助燃物质)和火源(温度),也就是通常所说的燃烧三要素。

13.爆炸

爆炸,是指在极短时间内,释放出大量能量,产生高温,并放出大量气体,在周围介质中造成高压的化学反应或状态变化。

14.爆炸极限

爆炸极限,是指可燃气体/蒸气在空气中能被燃烧、爆炸的浓度范围。浓度范围是在爆炸下限(LEL)和爆炸上限(UEL)这两个浓度极限之间的范围。

15.爆炸下限(LEL)

爆炸下限,是可燃气体/蒸气能在空气中发生燃烧爆炸的最低浓度。

16.爆炸上限(UEL)

爆炸上限,是可燃气体/蒸气能在空气中发生燃烧爆炸的最高浓度。

17.饱和蒸气压力

在一定温度下,在密闭容器内的液体处于动态平衡时的蒸气所产生的压力,叫饱和蒸气压力。饱和蒸气压力与容器大小和液量多少无关,仅取决于液体的种类和液体的温度。

五、液化气货品的基本性质

液化气货品的基本性质包括下列的一种或几种:

1.易燃性

液化气极易燃烧,与空气混合达到一定的浓度,即使在寒冷地区,遇到静电或金属撞击所产生的火花,都能迅速引起燃烧。

2.易爆性

液化气一般都有较高的燃烧值,爆炸范围宽且有较低的爆炸下限,稍有泄漏就易在局部形成爆炸性气体。

3.易挥发性

液化气一般都有较高的气/液比,一旦泄漏会产生大量的蒸气,在常温常压下,液态液化气能迅速气化为几百倍体积的液化气气体。

4.膨胀系数大

液化气的体积膨胀系数大,是同温度水的体积膨胀系数的几十倍,随着温度升高,液态体积会不断膨胀,气态压力也不断增加,温度每升高 1 ℃,体积膨胀 0.3%~0.4%,气压增加 0.2~0.3 MPa。

5.腐蚀性

液化气中含有的少量硫化物,对钢材设备具有微弱的腐蚀性。

6.有害性和窒息性

IMO规定的34种液化气货品中有11种货品是有毒的,液化气对健康的危害性,主要表现为对人体组织的毒害、窒息、麻醉和冻伤危害。空气中液化石油气的浓度达到10%时,2 min

就使人麻醉,人体吸入高浓度的液化石油气时,会发生窒息死亡。

7.低温特性

液化气货品泄漏时,由液态转变为气态时会吸入大量的热量,使局部温度急剧降低,对船体造成伤害。

第二节　我国液化气船的发展趋势

要点

我国内河液化气船运输有其重要特点,及时收集相关信息,可指导我国内河液化气船的运输。

必备知识

一、国内液化气产需状况

2015年中国以1 210万吨进口量超过日本,成为全球最大液化气进口国,2016年进口量增至1 600万吨左右,如图1-1所示为20年来中国与日本液化气进口量变化示意图。

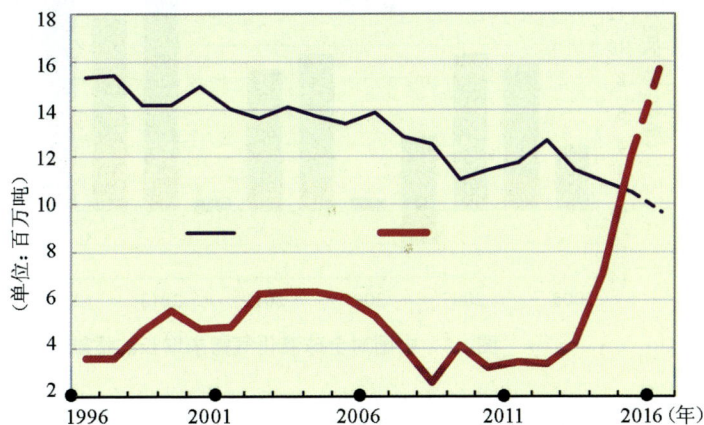

图1-1　20年来中国与日本液化气进口量变化

全球最大液化气出口国美国2015年出口量增长47%,达到2 420万吨,2016年将再增四成;过去20年来全球液化气消费增长高于石油,经常与天然气不相上下。图1-2所示为美国液化气进口量和净出口量情况。

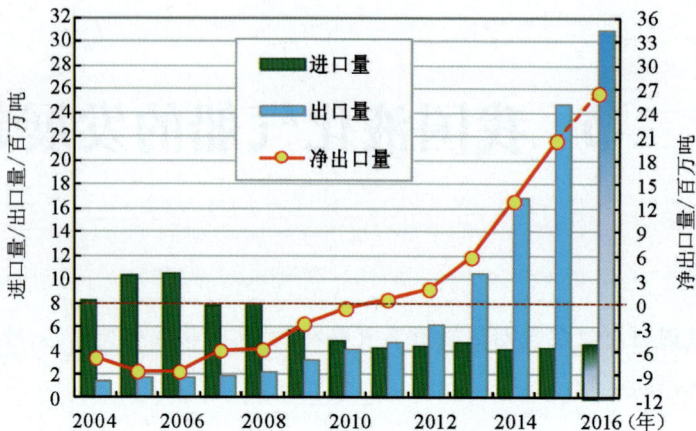

图1-2　美国液化气进口量和净出口量

在过去3年里,全球液化气消费量增速一直超过石油和天然气的消费量增速,中国市场变化是关键因素;在2000—2010年,中国石油消费年均增幅为7.0%,2013—2015年降为4.3%,同期天然气用量年均升幅分别为16.0%和9.4%。 图1-3所示为中国对全球液化气需求增长的贡献。

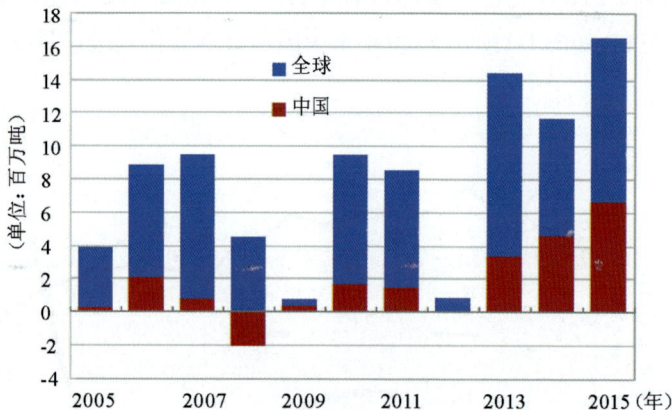

图1-3　中国对全球液化气需求增长的贡献

液化气需求的变化与增速明显减弱的石油和天然气相反,从年均增长5.3%加速为16.7%

过去3年里全球增加的2 800万吨液化气消费量中将近1 500万吨来自中国。化工原料占全球液化气消费量大约三成,而中国消费增长主要来自这一领域。

2016年以来国内6种主要油品需求同比增长几乎停滞,因为液化气、石脑油、航煤和汽油的增长绝大部分被柴油和燃料油销量下降所抵消,国内液化气需求连续3年以两位数幅度上升,2015年增速是自1996年以来增长最快的,2016年升幅仍可达20%,液化气可以说是在国内油品市场一枝独秀,其他油品需求不是增长减弱就是下降,只有液化气继续保持高增速。

二、2016年国内液化气水运市场概况

1.液化气货运量和周转量变化情况

据统计,2016年1—6月份国内液化气船完成货运量约205万吨(含化工气体产品),比上年同期195万吨增加10万吨,增长5.1%,货源比上年同期略有增加;货运周转量约27.5亿吨公里,比上年同期的28.1亿吨公里减少0.6亿吨公里,下降2.1%。因武汉乙烯所需原料气仍有增加,长江内河航线的货运量继续呈现稳定小幅增长的态势,2016年上半年长江内河船运量约23万吨,比上年同期的20万吨增加约3万吨,增长15%;海船运量约182万吨,比上年同期的175万吨增加约7万吨,增长4%。

2016年液化气体货运量变化的主要特点:长江内河航线货运量持续稳定增长,国内沿海航线货运量也呈现触底回升趋势。

因国内液化气深加工装置陆续投产或扩大产量,导致进口原料气大幅上升。有关统计数据显示,2016年上半年,我国已进口液化气780多万吨,同比增长58%以上。大量进口气除了大部分用于工业用气外,也有少部分补充到民用气市场。因此,也增加了进口气通过国内小型液化气船转运到周边地区的货运量。

2.液化气船舶运力变化情况

近几年来,随着国内沿海新建炼油厂或液化气深加工装置的陆续投产,传统的北气南运格局发生了根本性变化,液化气长途运输航线不断萎缩,导致国内沿海运力的富余量不断增加。虽然短途航线有所增加,货运量也触底回升,但运力过剩的矛盾没有明显好转。目前国内除了液氨专用船的少量运力需求外,其他气体船几乎没有新增运力的需求。

据调查统计,截至2016年6月底,国内液化气船(以下均不含天然气船)共计79艘,包括江船12艘、海船67艘,总舱容达26.6万立方,约13.8万载重吨。其中12艘长江内河船总舱容不足2万立方,约1万载重吨。与上年同期相比,长江内河船的数量没有增减变化,这也是长江内河船连续多年没有发生增减变化,但长江内河船的船龄和船型已逐步成为老龄船,大部分已超过15年船龄,而且还有部分不符合交通运输部推广的长江内河新船型,如无动力的驳船,这部分船在石油公司即将实施的安全检验认证时,可能受到较大影响。因此,长江内河液化气船有待加快更新换代。

3.液化气水运市场供需状况

2016年上半年,国内液化气体船运力为13.8万载重吨,半年运输能力达276万吨,但上半年实际货运量仅205万吨,仍有70多万吨的货源缺口,运力富余接近26%,比上年同期的30%下降了4个百分点,运力供需矛盾稍有好转。

4.液化气水运企业的效益状况

从2016年上半年国内液化气船舶运营的总体情况分析,长江内河船舶的营运情况好于海船,一方面是长江一直没有新增运力,而货源却在逐年稳步增长,运价也相对稳定;另一方面是长江内河船舶的营运成本低于海船。

第二章

与液化气船相关的
公约与规范

第一节 与液化气船相关的国际公约 及液化气船规则、指南

要点

国际公约及液化气规则是国际通用法则，我们应了解并加以运用。

必备知识

一、《1974年国际海上人命安全公约》(SOLAS公约)

《1974年国际海上人命安全公约》是涉及商船安全的最重要的国际条约之一，它由IMO制定，通过时间为1974年7月1日，生效时间为1980年5月25日。我国加入时间为1980年1月7日。其对我国生效时间为1980年5月25日。SOLAS 1974公约的主要目的是规定与安全相应的船舶构造、设备和操作的最低标准，由船旗国负责确保悬挂本国国旗的船舶达到这一标准。公约中规定船舶须配备一系列的证书作为该船已达到这一标准的证明。

公约的监督条款允许各缔约国检查停靠本国港口的外国籍船舶，"如果有充分的理由相信船舶及其设备的状况并没有与证书内容实质上一致""执行监督的官员应采取措施以保证船舶在未具备对船舶或船上人员都无危险的条件前，不得开航出海"。该公约的主要内容介绍如下，其中专门涉及液化气船的章节为第Ⅶ章。

(一)第Ⅰ章 总则

公约附则的第Ⅰ章是总则，其中最重要的内容涉及各种船舶的检验以及签发表明船舶满足公约要求的各种证书。

(二)第Ⅱ章 构造

1.第Ⅱ-1章 构造——分舱与稳性、机电设备

2.第Ⅱ-2章 构造——防火、探火和灭火

(三)第Ⅲ章　救生设备和装置

第Ⅲ章是对救生设备与装置的要求。1983年修正案已对它进行了全面改写,该修正案适用于1986年7月1日及以后建造的所有船舶,现有船舶也必须在1991年7月1日起执行。

(四)第Ⅳ章　无线电通信设备

第Ⅳ章是对无线电报和无线电话的要求,共分成A、B、C、D四部分。

(五)第Ⅴ章　航行安全

第Ⅴ章的内容是航行安全,规定了应由缔约国提供的一些航行安全服务。除另有明文规定外,该章适用于一切航线上的所有船舶,而该公约附则的其他章节只适用于从事国际航行业务的某些类别的船舶。

(六)第Ⅵ章　谷物装运

第Ⅵ章的内容是谷物装运。

(七)第Ⅶ章　危险货物运输

第Ⅶ章的内容是危险货物运输,包括包装和固体散装危险货物的分类、包装、标记、标志和标牌、单据、堆装要求,散装运输液体化学品船舶的构造和设备,散装运输液化气体船舶的构造和设备。

(八)第Ⅷ章　核能船舶

第Ⅷ章的内容是核能船舶。

(九)第Ⅸ章　船舶安全营运管理

1994年5月,IMO召开缔约国外交大会,通过了《1974年SOLAS公约1994年修正案》,新增第Ⅸ章"船舶安全营运管理",将ISM规则正式纳入SOLAS公约中,并于1998年7月1日起生效。ISM规则是一个为船舶提供安全管理、安全营运及防止污染的国际标准,其目的是保证海上安全,防止人员伤亡和财产损失,避免对环境特别是海洋环境造成危害。

(十)第Ⅹ章　高速船的安全措施

该章也是在1994年修正案中新增加的,主要内容是针对高速船制定的安全措施和要求。

(十一)第Ⅺ章　加强海上安全的特别措施

本章也是在1994年修正案中新增加的。主要内容是强调港口国对作业要求的控制。

二、MARPOL73/78公约

MARPOL73/78公约是为了保护海洋环境,由IMO制定的有关防止和限制船舶排放油类和其他有毒有害物质污染海洋方面而颁布的国际公约,该公约的结构是:

（一）正文:20条;

（二）议定书Ⅰ——关于涉及有害物质事故报告的规定:9条;

（三）议定书Ⅱ——仲裁:5条;

（四）1978年议定书:9条;

（五）1997年议定书:9条;

（六）6个附则

1.附则Ⅰ:防止油污规则

该附则于1983年10月2日生效。同日对我国生效。

2.附则Ⅱ:控制散装有毒液体物质污染规则

该附则于1983年10月2日生效。我国于1987年4月6日生效。

3.附则Ⅲ:防止海运包装有害物质污染规则

该附则于1992年7月1日生效。我国于1994年12月13日生效。

4.附则Ⅳ:防止船舶生活污水污染规则

该附则于2003年9月27日生效。我国于2007年2月2日生效。

5.附则Ⅴ:防止船舶垃圾污染规则

该规则于1988年12月31日生效。我国于1989年2月21日生效。

6.附则Ⅵ:防止船舶造成大气污染规则

该规则于2005年5月19日生效。我国2006年8月23日生效。

三、IMO液化气船规则

液化气船所载运的货品具有易燃、易爆或有毒等危险性。因此,IMO对液化气船的船舶结构和设备制定了一些规则,作为国际性的安全标准。

（一）《散装运输液化气体船舶构造和设备规则》（A.328规则）

《散装运输液化气体船舶构造和设备规则》简称GC规则。因该规则是IMO以A.328（Ⅸ）决议通过的,故又简称为A.328规则。它是1975年制定的,对新液化气船的设计、制造（包括改装）、运输管理提出了第一个国际性的标准。

A.328 规则适用于下述液化气船:

(1)1976年10月31日以后签订建造(或重大改装)合同的船舶;或

(2)当无建造(或重大改装)合同时,于1976年12月31日以后放龙骨(或开始改装)的船舶;

(3)1980年6月30日以后交付使用(或改装完毕)的船舶。

A.328 规则仅为建议性质的国际标准。

(二)《现有散装运输液化气体船舶规则》(A.329规则)

由于 A.328 规则只是针对当时新设计制造(或改装)的液化气船而制定的安全标准,而对当时已经交付使用以及已处于建造阶段的液化气船的安全要求,并未做出规定。故 IMO 又制定了《现有散装运输液化气体船舶规则》,对这些现有的液化气船的结构与设备提出了一个共同的国际性标准。

《现有散装运输液化气体船舶规则》简称"现有液化气船规则";因规则是 IMO 以 A.329(IX)决议通过的,故又简称为 A.329 规则。A.329 规则实质上是对 A.328 规则的补充,它对不受 A.328 规则管制的现有液化气船制定了一个安全标准。A.329 规则适用于1976年10月31日以前交付使用的液化气船。A.329 规则也是建议性质的国际标准。

(三)《国际散装运输液化气体船舶构造和设备规则》(IGC规则)

由于 A.328 规则、A.329 规则仅属建议性质,它们只是作为参考性的国际标准,由各国政府自行决定执行。因此,IMO 决定在 SOLAS 公约1983年修正案中对液化气船的安全标准做出强制性规定。1983年6月17日,IMO 海安会通过《国际散装运输液化气体船舶构造和设备规则》,并在 SOLAS 公约下成为强制性规则。

《国际散装运输液化气体船舶构造和设备规则》内容简介:

IGC 规则是 IMO 为了保证液化气海上安全运输,减少液化气货品对船舶、船员和环境造成危险,而对液化气船的设计、构造和设备等方面提出的一个国际标准和基本要求。是关于这类运输船舶的设计、构造和设备方面的强制性规定,目前的 IGC 规则有6个主要的修正案。

该规则主要内容为:

第一章　总则

本章包括规则的适用范围和主管机关,并对整个规则中所采用的术语做了定义,还规定了船舶的证书和检验。

第二章　船舶残存能力及液货舱位置

为了防止液化气货品由于船舶的碰撞或搁浅引起泄漏造成危险,对液货舱的位置和各种货物的围护系统做出了规定,利用船舶结构布置来保证货物的安全。

第三章　船舶布置

本章内容包括液化气船的主要布置和隔离标准以及处所出入口的要求等。

第四章　货物围护系统

本章主要是详细规定了各类液货舱及货物围护系统的各项要求,包括它们的设计、结构、应力、支持构件、次屏壁、绝热、材料、建造和试验、应力消除等方面内容。

第五章　处理用受压容器及液体、蒸气和压力管路系统

本章对货物管路系统的设计、构造和试验提出了要求。

第六章　构造材料

本章规定适用于建造液货舱、货物处理用受压容器、货物管路和货物处理管路、次屏壁及与货品运输有关的相邻船体结构所用的板材、型材、管子、锻件、铸件和焊接件。

第七章　货物压力/温度控制

本章主要是规定用再液化装置处理或作为燃料供船上使用的方法来控制货物系统的压力或温度时,必须满足各项要求和安全标准。

第八章　液货舱透气系统

本章规定了对液货舱及其周围处所和货物管路压力阀系统的要求,还包括对真空保护系统的要求和对压力释放阀排量的要求。

第九章　环境控制

本章对船上货物系统及其周围区域的环境控制做出了规定,同时还包括对船上生产惰气提出了要求。

第十章　电气设备

本章主要是介绍了在气体危险处所、区域内安装电气设备时所必须遵守的规定,特别提到了货泵舱、货物压缩机舱、电动机舱的电气装置要求。

第十一章　防火和灭火

本章规定了防火的安全要求、各种消防系统的布置要求,还包括对消防员装备的要求。

(1)水灭火系统

应至少使两股水柱能射到货舱区域内甲板的任何部位和甲板上方的货物围护系统和液舱盖板部分。作灭火用的所有水枪应为认可的两用型,既可形成水雾,也可形成水柱。

(2)水雾系统

在载运易燃和毒性货品或载运这两类货品的船上,应安装供冷却、防火和保护船员用的水雾系统。

(3)化学干粉系统

凡拟载运易燃货品的船舶,应安装固定式化学干粉灭火系统,以便对货物区域灭火。

第十二章　货物区域内的机械通风

本章规则条款只有两条,分别规定了在货物正常装卸作业期间需进入的处所和不经常进入的处所内的机械通风设备布置要求和通风要求。

第十三章　仪表测量气体探测

本章给出对货物系统中液货舱液面指示仪、报警装置、压力表、温度表的要求以及对气体监测装置的要求。

第十四章　人员保护

本章明确了对人员保护设备、安全设备、急救设备的配置要求。

第十五章　液货舱充装极限

为防止液货受热膨胀满舱,本章规定了液货充装极限的要求和计算方法。

第十六章　用货物作燃料

本章规定所有液化气货品中,只有甲烷(液态天然气)是唯一被允许其蒸气或蒸发出来的气体用作锅炉、惰性气体发生器和内燃机燃料的货品。

第十七章　特殊要求

本章对一些特殊货物制定了特殊要求。这些特殊要求是对本规则气体章节一般要求的补充。

第十八章　操作要求

本章对液化气船操作只提出了一般性要求。更详细的操作要求请参考国际航运公会编制的《液化气船安全指南》和《船岸液化气操作原理》等。

第十九章　最低要求一览表

本章把货品的危险性与船舶的设计联系起来,给出了属于散装液化气船载运的所有液化气货品的名称及各货品相应的联合国编号,并对每种货品制定了船型要求、货舱要求、货舱蒸气空间的控制要求、对蒸气检测形式要求、液位仪要求及个别货品的特殊要求等内容。

第二节　与液化气有关的国际性指南

要点

为了保证散装液化气海上运输的安全,海运业有关组织制定了一些重要的国际建议性指南;认真学习这些指南,对提高操作管理人员的理论水平、安全意识、操作技能和应变反应能力等方面有很大帮助。以下介绍几个重要的指南。

必备知识

1.《液化气船安全指南》

由国际航运公会制定的《液化气船安全指南》,其目的是向液化气船船员提供安全操作指导以及与此相关的液化气特性、液化气船及其设备等方面的知识。它主要侧重阐述液化气船安全操作方面的建议,而较少涉及船舶建造、货物设备等方面的内容。

该指南由正文9章和9个附录组成。

正文包括:

第1章 液化气的特性和危险性

第2章 一般预防措施

第3章 火灾危险及其预防

第4章 货物作业

第5章 货物设备和仪表

第6章 封闭处所

第7章 应变程序

第8章 消防

第9章 人员防护和救生

附录包括:

附录1 货物资料(数据表)

附录2 散装液化气的海上运输

附录3 再液化及蒸发控制

附录4 进坞和修理

附录5 货物装卸装置与设备

附录6 检测仪表

附录7 危险区域内的电气设备

附录8 压力冲击现象

附录9 ①液化气货物驳运船—岸安全检查表

　　　　②液化气货物资料格式(表)

　　　　③液化气货物抑制剂格式(表)

　　　　④液化气货物装卸软管格式(表)

2.《船岸液化气装卸作业原理指南》

该书是国际气体船和岸站经营者协会制定。它主要介绍液化气性质、船舶结构、货物设备、装卸运输操作原理、人员安全防护和应急措施等方面内容。

该指南共12章,分别为:

第1章 前言

第2章 液化气性质

第3章 气体运输船舶设计和建造规则

第4章 船舶设备和仪器

第5章 岸站设备和仪器

第6章 船岸关系

第7章 货物装卸作业

第8章 货物测量和计算

第9章 人员安全和健康

第10章 应急措施

第11章 名词释义

第12章 资料来源

3.《液化气船对船驳载指南》

该指南由国际航运公会制订,是对《液化气船安全指南》的补充,目的是使船长、船舶和驳船经营者以及其他人熟悉船对船驳载液化气作业。

该指南由正文11章和1个附录组成。正文包括:

第1章 定义

第2章 总则

第3章 通信联系

第4章 条件和规定

第5章 靠泊前准备

第6章 操纵和靠泊

第7章 靠泊后的工作

第8章 驳载作业

第9章 驳载完毕

第10章 两船分离的一般原则

第11章 安全措施

附录 装卸软管

第三节 我国液化气船管理规则

要点

随着液化气内河运输量的剧增,船舶安全和防止污染问题也日渐突出。为此,我国交通运输部和各地海事部门都分别制定了有关船舶装载液化气的安全管理规定。

必备知识

一、《中华人民共和国船舶载运危险货物安全监督管理规定》

(2003年11月30日交通部发布 根据2012年3月14日交通运输部《关于修改〈船舶载运危险货物安全监督管理规定〉的决定》修正)

第一章 总 则

第一条 为加强船舶载运危险货物监督管理,保障水上人命、财产安全,防止船舶污染环境,依据《中华人民共和国海上交通安全法》《中华人民共和国海洋环境保护法》《中华人民共和国港口法》《中华人民共和国内河交通安全管理条例》《中华人民共和国危险化学品安全管理条例》和有关国际公约的规定,制定本规定。

第二条 本规定适用于船舶在中华人民共和国管辖水域载运危险货物的活动。

第三条 交通部主管全国船舶载运危险货物的安全管理工作。中华人民共和国海事局负责船舶载运危险货物的安全监督管理工作。

交通部直属和地方人民政府交通主管部门所属的各级海事管理机构依照有关法律、法规和本规定,具体负责本辖区船舶载运危险货物的安全监督管理工作。

第四条 船舶载运危险货物,必须符合国家安全生产、水上交通安全、防治船舶污染的规定,保证船舶人员和财产的安全,防止对环境、资源以及其他船舶和设施造成损害。

第五条 禁止利用内河以及其他封闭水域等航运渠道运输剧毒化学品以及交通部规定禁止运输的其他危险化学品。

禁止在普通货物中夹带危险货物,不得将危险货物匿报或者报为普通货物。

禁止未取得危险货物适装证书的船舶以及超过交通部规定船龄的船舶载运危险货物。

第二章　通航安全和防污染管理

第六条　载运危险货物的船舶在中国管辖水域航行、停泊、作业,应当遵守交通部公布的以及海事管理机构在其职权范围内依法公布的水上交通安全和防治船舶污染的规定。

对在中国管辖水域航行、停泊、作业的载运危险货物的船舶,海事管理机构应当进行监督。

第七条　载运危险货物的船舶应当选择符合安全要求的通航环境航行、停泊、作业,并顾及在附近航行、停泊、作业的其他船舶以及港口和近岸设施的安全,防止污染环境。海事管理机构规定危险货物船舶专用航道、航路的,载运危险货物的船舶应当遵守规定航行。

载运危险货物的船舶通过狭窄或者拥挤的航道、航路,或者在气候、风浪比较恶劣的条件下航行、停泊、作业,应当加强瞭望,谨慎操作,采取相应的安全、防污措施。必要时,还应当落实辅助船舶待命防护等应急预防措施,或者向海事管理机构请求导航或者护航。

载运爆炸品、放射性物品、有机过氧化物、闪点28℃以下易燃液体和液化气的船,不得与其他驳船混合编队拖带。

对操作能力受限制的载运危险货物的船舶,海事管理机构应当疏导交通,必要时可实行相应的交通管制。

第八条　载运危险货物的船舶在航行、停泊、作业时应当按规定显示信号。

其他船舶与载运危险货物的船舶相遇,应当注意按照航行和避碰规则的规定,尽早采取相应的行动。

第九条　在船舶交通管理(VTS)中心控制的水域,船舶应当按照规定向交通管理(VTS)中心报告,并接受该中心海事执法人员的指令。

对报告进入船舶交通管理(VTS)中心控制水域的载运危险货物的船舶,海事管理机构应当进行标注和跟踪,发现违规航行、停泊、作业的,或者认为可能影响其他船舶安全的,海事管理机构应当及时发出警告,必要时依法采取相应的措施。

船舶交通管理(VTS)中心应当为向其报告的载运危险货物的船舶提供相应的水上交通安全信息服务。

第十条　在实行船舶定线制的水域,载运危险货物的船舶应当遵守船舶定线制规定,并使用规定的通航分道航行。

在实行船位报告制的水域,载运危险货物的船舶应当按照海事管理机构的规定,加入船位报告系统。

第十一条　载运危险货物的船舶从事水上过驳作业,应当符合国家水上交通安全和防止船舶污染环境的管理规定和技术规范,选择缓流、避风、水深、底质等条件较好的水域,尽量远离人口密集区、船舶通航密集区、航道、重要的民用目标或者设施、军用水域,制定安全和防治污染的措施和应急计划并保证有效实施。

第十二条　载运危险货物的船舶在港口水域内从事危险货物过驳作业,应当根据交通部有关规定向港口行政管理部门提出申请。港口行政管理部门在审批时，应当就船舶过驳作业的水域征得海事管理机构的同意。

载运散装液体危险性货物的船舶在港口水域外从事海上危险货物过驳作业，应当由船舶或者其所有人、经营人或者管理人依法向海事管理机构申请批准。

船舶从事水上危险货物过驳作业的水域，由海事管理机构发布航行警告或者航行通告予以公布。

第十三条 申请从事港口水域外海上危险货物单航次过驳作业的，申请人应当提前24小时向海事管理机构提出申请；申请在港口水域外特定海域从事多航次危险货物过驳作业的，申请人应当提前7日向海事管理机构提出书面申请。

船舶提交上述申请，应当申明船舶的名称、国籍、吨位，船舶所有人或者其经营人或者管理人、船员名单，危险货物的名称、编号、数量，过驳的时间、地点等，并附表明其业已符合本规定第十一条规定的相应材料。

海事管理机构收到齐备、合格的申请材料后，对单航次作业的船舶，应当在24小时内做出批准或者不批准的决定；对在特定水域多航次作业的船舶，应当在7日内做出批准或者不批准的决定。海事管理机构经审核，对申请材料显示船舶及其设备、船员、作业活动及安全和环保措施、作业水域等符合国家水上交通安全和防治船舶污染环境的管理规定和技术规范的，应当予以批准并及时通知申请人。对未予批准的，应当说明理由。

第十四条 载运危险货物的船舶排放压载水、洗舱水，排放其他残余物或者残余物与水的混合物，应当按照国家有关规定进行排放。

禁止船舶在海事管理机构依法设定并公告的禁止排放水域内，向水体排放任何禁排物品。

第十五条 载运危险货物的船舶发生水上险情、交通事故、非法排放事件，应当按照规定向海事管理机构报告，并及时启动应急计划和采取应急措施，防止损害、危害的扩大。

海事管理机构接到报告后，应当启动相应的应急救助计划，支援当事船舶尽量控制并消除损害、危害的态势和影响。

第三章　船舶管理

第十六条 从事危险货物运输的船舶所有人或者其经营人或者管理人，应当根据国家水上交通安全和防治船舶污染环境的管理规定，建立和实施船舶安全营运和防污染管理体系。

第十七条 载运危险货物的船舶，其船体、构造、设备、性能和布置等方面应当符合国家船舶检验的法律、行政法规、规章和技术规范的规定，国际航行船舶还应当符合有关国际公约的规定，具备相应的适航、适装条件，经中华人民共和国海事局认可的船舶检验机构检验合格，取得相应的检验证书和文书，并保持良好状态。

载运危险货物的船用集装箱、船用刚性中型散装容器和船用可移动罐柜，应当经中华人民共和国海事局认可的船舶检验机构检验合格后,方可在船上使用。

第十八条 曾装运过危险货物的未清洁的船用载货空容器,应当作为盛装有危险货物的容器处理,但经采取足够措施消除了危险性的除外。

第十九条 载运危险货物的船舶应当制定保证水上人命、财产安全和防治船舶污染环境的措施,编制应对水上交通事故、危险货物泄漏事故的应急预案以及船舶溢油应急计划,配备相应的应急救护、消防和人员防护等设备及器材,并保证落实和有效实施。

第二十条 载运危险货物的船舶应当按照国家有关船舶安全、防污染的强制保险规定,参加相应的保险,并取得规定的保险文书或者财务担保证明。

载运危险货物的国际航行船舶,按照有关国际公约的规定,凭相应的保险文书或者财务担保证明,由海事管理机构出具表明其业已办理符合国际公约规定的船舶保险的证明文件。

第二十一条 船舶载运危险货物,应当符合有关危险货物积载、隔离和运输的安全技术规范,并只能承运船舶检验机构签发的适装证书中所载明的货种。

国际航行船舶应当按照《国际海运危险货物规定》,国内航行船舶应当按照《水路危险货物运输规定》,对承载的危险货物进行正确分类和积载,保障危险货物在船上装载期间的安全。

对不符合国际、国内有关危险货物包装和安全积载规定的,船舶应当拒绝受载、承运。

第二十二条 船舶进行洗(清)舱、驱气或者置换,应当选择安全水域,远离通航密集区、船舶定线制区、禁航区、航道、渡口、客轮码头、危险货物码头、军用码头、船闸、大型桥梁、水下通道以及重要的沿岸保护目标,并在作业之前报海事管理机构核准,核准程序和手续按本规定第十三条关于单航次海上危险货物过驳作业的规定执行。

船舶从事本条第一款所述作业活动期间,不得检修和使用雷达、无线电发报机、卫星船站;不得进行明火、拷铲及其他易产生火花的作业;不得使用供应船、车进行加油、加水作业。

第四章 申报管理

第二十三条 船舶载运危险货物进、出港口,或者在港口过境停留,应当在进、出港口之前提前24小时,直接或者通过代理人向海事管理机构办理申报手续,经海事管理机构批准后,方可进、出港口。国际航行船舶,还应当按照国务院颁布的《国际航行船舶进出中华人民共和国口岸检查办法》第六条规定的时间提前预报告。

定船舶、定航线、定货种的船舶可以办理定期申报手续。定期申报期限不超过一个月。

船舶载运尚未在《危险货物品名表》(国家标准GB12268)或者国际海事组织制定的《国际海运危险货物规则》内列明但具有危险物质性质的货物,应当按照载运危险货物的管理规定办理进、出港口申报。海事管理机构接到报告后,应当及时将上述信息通报港口所在地的港口行政管理部门。

办理申报手续可以采用电子数据处理(EDP)或者电子数据交换(EDI)的方式。

第二十四条 载运危险货物的船舶办理进、出港口申报手续,申报内容应至少包括:船名、预计进出港口的时间以及所载危险货物的正确名称、编号、类别、数量、特性、包装、装载位置等,并提供船舶持有安全适航、适装、适运、防污染证书或者文书的情况。

对于装有危险货物的集装箱,船舶需提供集装箱装箱检查员签名确认的《集装箱装箱证明书》。

对于易燃、易爆、易腐蚀、剧毒、放射性、感染性、污染危害性等危险品,船舶应当在申报时附具相应的危险货物安全技术说明书、安全作业注意事项、人员防护、应急急救和泄漏处置措施等资料。

第二十五条 海事管理机构收到船舶载运危险货物进、出港口的申报后,应当在24小时内做出批准或者不批准船舶进、出港口的决定。

对于申报资料明确显示船舶处于安全适航、适装状态以及所载危险货物属于安全状态的,海事管理机构应当批准船舶进、出港口。对有下列情形之一的,海事管理机构应当禁止船舶进、出港口:

(一)船舶未按规定办理申报手续;

(二)申报显示船舶未持有有效的安全适航、适装证书和防污染证书,或者货物未达到安全适运要求或者单证不全;

(三)按规定尚需国家有关主管部门或者进出口国家的主管机关同意后方能载运进、出口的货物,在未办理完有关手续之前;

(四)船舶所载危险货物系国家法律、行政法规禁止通过水路运输的;

(五)本港尚不具备相应的安全航行、停泊、作业条件或者相应的应急、防污染、保安等措施的;

(六)交通部规定不允许船舶进出港口的其他情形。

第二十六条 船舶载运需经国家其他有关主管部门批准的危险货物,或者载运需经两国或者多国有关主管部门批准的危险货物,应在装货前取得相应的批准文书并向海事管理机构备案。

第二十七条 船舶从境外载运有害废料进口,国内收货单位应事先向预定抵达港的海事管理机构提交书面报告并附送出口国政府准许其迁移以及我国政府有关部门批准其进口的书面材料,提供承运的单位、船名、船舶国籍和呼号以及航行计划和预计抵达时间等情况。

船舶出口有害废弃物,托运人应提交我国政府有关部门批准其出口,以及最终目的地国家政府准许其进口的书面材料。

第二十八条 核动力船舶、载运放射性危险货物的船舶以及5万总吨以上的油轮、散装化学品船、散装液化气船从境外驶向我国领海的,不论其是否挂靠中国港口,均应当在驶入中国领海之前,向中国船位报告中心通报:船名、危险货物的名称、装载数量、预计驶入的时间和概位、挂靠中国的第一个港口或者声明过境。挂靠中国港口的,还应当按照本规定第二十三条的规定申报。

第五章　人员管理

第二十九条　载运危险货物船舶的船员,应当持有海事管理机构颁发的适任证书和相应的培训合格证,熟悉所在船舶载运危险货物安全知识和操作规程。

第三十条　载运危险货物船舶的船员应当事先了解所运危险货物的危险性和危害性及安全预防措施,掌握安全载运的相关知识。发生事故时,应遵循应急预案,采取相应的行动。

第三十一条　从事原油洗舱作业的指挥人员,应当按照规定参加原油洗舱的特殊培训,具备船舶安全与防污染知识和专业操作技能,经海事管理机构考试、评估,取得合格证书后,方可上岗作业。

第三十二条　按照本规定办理船舶申报手续的人员,应当熟悉船舶载运危险货物的申报程序和相关要求。

第六章　法律责任

第三十三条　海事管理机构依法对载运危险货物的船舶实施监督检查,对违法的船舶、船员依法采取相应的措施。

海事管理机构发现载运危险货物的船舶存在安全或者污染隐患的,应当责令立即消除或者限期消除隐患;有关单位和个人不立即消除或者逾期不消除的,海事管理机构可以采取责令其临时停航、停止作业,禁止进港、离港,责令驶往指定水域,强制卸载,滞留船舶等强制性措施。

对有下列情形之一的,海事管理机构应当责令当事船舶立即纠正或者限期改正:

(一)经核实申报内容与实际情况不符的;

(二)擅自在非指定泊位或者水域装卸危险货物的;

(三)船舶或者其设备不符合安全、防污染要求的;

(四)危险货物的积载和隔离不符合规定的;

(五)船舶的安全、防污染措施和应急计划不符合规定的;

(六)船员不符合载运危险货物的船舶的适任资格的。

本规定第二十八条所述船舶违反国家水上交通安全和防治船舶污染环境的法律、行政法规以及《联合国海洋法公约》有关规定的,海事管理机构有权禁止其进入中国领海、内水、港口,或者责令其离开或者驶向指定地点。

第三十四条　载运危险货物的船舶违反本规定以及国家水上交通安全、防治船舶污染环境的规定,应当予以行政处罚的,由海事管理机构按照有关法律、行政法规和交通部公布的有关海事行政处罚的规定给予相应的处罚。

涉嫌构成犯罪的,由海事管理机构依法移送国家司法机关。

第三十五条　海事管理机构的工作人员有滥用职权、徇私舞弊、玩忽职守等严重失职行为的,由其所在单位或者上级机关给予行政处分;情节严重构成犯罪的,由司法机关依法追究刑事责任。

第七章 附 则

第三十六条 本规定所称"危险货物",系指具有爆炸、易燃、毒害、腐蚀、放射性、污染危害性等特性,在船舶载运过程中,容易造成人身伤害、财产损失或者环境污染而需要特别防护的物品。

第三十七条 本规定自2004年1月1日生效。1981年交通部颁布的《船舶装载危险货物监督管理规定》(〔81〕交港监字2060号)同时废止。

二、《船舶散装运输液化气体安全监督管理规定》

为了加强船舶散装运输液化气体安全监督管理,保障人命和财产安全,依据《中华人民共和国海上交通安全法》《中华人民共和国危险化学品安全管理条例》《中华人民共和国内河交通安全管理条例》等法律、行政法规,由交通运输部制定了《船舶散装运输液化气体安全监督管理规定》。

本规定适用于散装运输液化气体船舶(简称液化气船)在中华人民共和国管辖水域航行、停泊、作业及相关活动。中华人民共和国海事局是实施本规定的主管机关。各级海事管理机构具体负责辖区内船舶散装运输液化气体的安全监督管理。本规定共8章57条,重要条款摘录如下:

1.液化气船的结构和设备应当符合国家有关技术规范以及中华人民共和国缔结或者加入的国际公约的要求。液化气船应当依照法律、行政法规、国务院交通运输主管部门的规定以及中华人民共和国缔结或者加入的国际公约的要求,取得并随船携带相应的证书、文书。

2.液化气船的所有人、经营人或者管理人应当建立安全营运和防治船舶污染管理体系,取得海事管理机构核发的符合证明和相应的船舶安全管理证书。

3.在液化气船任职的船员应当掌握液化气船安全知识和操作技能,取得相应的液化气船货物操作培训合格证。

4.液化天然气船进出港应当申请引航。其他液化气船按照当地海事管理机构的规定申请引航。引领液化天然气船的引航员应当持有一级引航员适任证书和液化气船货物操作培训合格证。

5.液化气船进行气体装载试验,应当在海事管理机构指定的水域进行。船舶建造单位应当制定和落实安全管理措施,并至少满足如下安全条件:(1)持有经主管机关认可的船舶检验机构出具的船舶可进行气体装载试验的技术证明和液货舱气体惰化检测合格证明;(2)气体装载试验通过风险安全论证。论证报告应当包括安全可行性分析、风险的识别、针对风险拟采取的安全与防治污染措施、应急措施等内容及专家论证意见;(3)持有船舶国籍证书(临时)、船舶试航证书、船舶最低安全配员证书(临时)、船员适任证书以及相应的船员特殊培训合格证明等。

6.液化气船应当编制符合国际公约或国内技术规范要求的货物操作手册。货物作业应当符合货物操作手册的要求和满足货物安全操作的相关程序和措施要求。

7.从事散装液化气体水上过驳的船舶船龄不得大于15年。

8.液化气船修理前应当进行驱气、惰化,并经测爆合格后方可作业。

9.液化气船靠泊的码头、装卸站的设计应当符合国家有关规范的要求,设置足够的防火、防爆、防泄漏以及防止事故扩大蔓延的安全设施,并应当配套应急锚地。未设置烟火熄灭装置及未实施烟火管制的船舶禁止靠泊液化气体码头、装卸站。

10.液化气船应当在海事管理机构公布的液化气体码头、装卸站靠泊和进行装卸作业。

11.液化气船舶进出港应当有足够的富余水深。液化天然气船进出港口或者在狭水道航行时应当设置移动安全区,在码头停泊期间设置停泊安全区。船舶移动安全区、停泊安全区,应当根据液化天然气船舱型和主尺度、航经水域的通航环境、安全敏感区域、气象、海况以及拟采取的安全保障措施等情况综合评估确定。安全评估报告和专家意见应当在船舶进出港申报时提交当地海事管理机构。同一舱型和相同主尺度的液化天然气船进出同一港口可不再进行相关安全评估。

12.液化天然气船进出港口或者在狭水道航行前,应当按规定向海事管理机构申请发布航行警告。

13.船舶载运散装液化气体进出港口,承运人或者代理人应当在进出港前提前24小时(航程不足24小时的,在驶离上一港口时)向海事管理机构办理船舶申报手续;货物收货人、托运人或者代理人应当在船舶申报之前向海事管理机构办理货物申报手续。

14.液化天然气船应当在抵港前提前72小时(航程不足72小时的,在驶离上一港口时)向海事管理机构预报抵港时间,提前24小时报告抵港时间,提前2小时确认抵港时间。船舶在航行期间发生可能影响船舶进出港航行、停泊或作业安全的异常情况,应当在进港前向海事管理机构报告。

15.液化气船进出港航行和在港停泊、作业,应遵守当地海事管理机构的特别规定,落实引航、护航、监护、乘潮进出港、安全航速等安全保障措施。

16.液化天然气船靠离泊作业应当在白天进行。

17.液化天然气船进出港航行、靠泊操作、装卸作业、在港系泊时,风速、波高、流速、能见度等作业条件应当满足本规定附件一的各项要求,主管机关可对作业条件进行评估调整。

18.液化气船液货舱压力释放阀应由船旗国主管机关认可的检验机构进行调定和铅封,相关证明文件应当留存船上。船舶应当按照认可的操作程序调定可调式液货舱压力释放阀,调定压力应当予以标识,调定工作记录应当予以保存。

19.液化气船的惰性气体系统以及可燃气体、压力、温度等探测和报警系统应当保持良好的可用状态。船上探测和报警设备应定期校正,并保存校正记录。

20.液化气船装载可能发生聚合反应的货物,应当确保货物受到充分的抑制,抑制剂添加证明书应保存在船上。

21.液化气船装卸货作业期间,禁止其他船舶并靠。

22.在装卸货作业前,作业双方应当就货物操作、压载操作、应急等事项达成书面协议,建立并实施船岸或者船船安全检查表制度。

23.停泊安全区应当排除一切点火源,使用的任何电气设备应当符合防火防爆要求。

24.液化气船在装卸货作业前,应当使用惰性气体对船岸或者船船连接管路进行气体置换。拆卸管路前应当使用惰性气体对装卸货管路进行扫线,检查确认管内没有残存的货物,方可拆管。码头、装卸站的装卸货物管路应当设置故障关闭型的应急速闭阀。

25.液化气船装卸货作业前,应当按照货物操作手册相关程序进行应急切断装置的功能测试,并记录测试情况。液化天然气船在装货作业期间应当在船上至少设置一个岸方的应急切断装置控制点,在卸货作业期间应当在岸上至少设置一个船方的应急切断装置控制点,在发生紧急情况时能及时停止货物输送作业。

26.在装卸货作业期间,液化天然气船应开启舷墙水幕保护系统,保持甲板排水畅通。

27.在装卸货作业期间,液化气船应禁止进行以下作业:

(1)影响船舶动力和操纵的检修或维护保养作业;(2)测试和使用雷达和无线电发射机;(3)热工作业;(4)供受油(水)作业;(5)其他影响货物作业安全的。

28.在港口水域内,禁止液化气船直接向大气排放货物蒸发气体。在应急情况下的排放应采取足够的安全措施,并及时向海事管理机构报告。

29.船岸遇有下列情况应当立即停止作业,通知对方并采取相应的安全措施,同时向海事管理机构报告。(1)船上液货舱或岸上液货罐异常;(2)货物系统泄漏;(3)雷电天气;(4)风速、波高、流速等天气海况条件不满足规定的要求或影响作业安全;(5)码头周围发生可能影响作业安全的火警;(6)其他危及作业安全的情况。

30.液化气船应根据货物性质,按照国际公约或国内技术规范要求配备相应的消防员装备、人员保护设备、急救设备等防护装备,并妥善保存在易于取用且有明显标志的适当处所。

31.液化气船在码头、装卸站靠泊期间,应做好紧急离泊的准备。液化天然气船船首应朝向有利船舶离开码头、装卸站的方向。

32.在装卸货作业期间,液化气船和码头、装卸站的消防设备应当处于随时可用状态。

33.液化气船发生货物泄漏、水上交通事故及其他紧急情况,应当按照应急计划采取有效措施,并立即向海事管理机构报告。

34.海事管理机构依法对液化气船及码头、装卸站进行监督检查和安全管理,相关单位应予配合,任何单位和个人不得拒绝、阻挠。

第三章

液化气货品的特性与安全载运要求

第一节　液化气货品的化学结构与性质

要点

　　液化气体是指介质在最高使用温度下的饱和蒸汽压力不小于0.1 MPa,且临界温度大于或等于-10℃的气体。液化气船舶载运的液化气是指常温常压下为气体的物质,经过加压、降温或降温加压,都可能转化为液态的物质。

必备知识

一、液化气的结构组成

　　液化气按化学组成分类:烃类、烯烃类、卤代烷、氨类、含氧化合物和无机物单质。

　　按液化气体的化学性质分类:饱和碳氢化合物、不饱和碳氢化合物和液化气体中含有碳氢以外原子的液化气体。

二、液化气体的基本性质

　　IGC规则规定的液化气货品有34种,这些货品除了饱和的和非饱和的碳氢化合物外,还包括一些化学气体和部分化学品,以及其他诸如氮和制冷剂气体等。这些货品化学分类不同,物理化学性质和货品特性也有很大的不同。本节仅能对大多数货品的普通性质作一般描述介绍,具体货品的详细资料必须查阅有关专业书籍,并从货主处得到建议和指示。

　　1.液化气的液化和气化

　　同一种物质有3种不同的状态:即固态、液态和气态,这三种状态可以通过某些物理条件变化而相互转化。通常固体受热时会熔化变成液体,液体进一步加热会沸腾变成气体。这些过程是可逆的,如从气体中抽走热量,气体就会冷凝液化变成液体,再进一步降温液体就凝固变成固体。液态蒸发成气态必须吸热,而气态冷凝成液态时必须放热。绝大多数液化气货品在大气压下的沸点都低于0℃,在常温常压下都是气体,需液化后再运输贮存。

　　气体液化主要原理是将气体冷却降温到其沸点以下而使其液化。而由于沸点与液体饱和蒸气压力有关,饱和蒸气压力越大,沸点就越高,提高容器内液体的饱和蒸气压力,液体的沸点就可能与环境温度一样了。

因此液化气船保持液化货品在液体状态的方法有3种：

(1)在常温下加压到其相应的饱和蒸气压以上；

(2)在常压下将其冷却到常压沸点温度以下；

(3)在较小压力条件下降温到不太低的沸点温度下。

通过改变液化气温度和压力，就可以使液化气货品气态和液态相互转变，比如当液化气货品泄漏时，由于外界压力低于它在容器内的饱和蒸气压力，或外界环境温度高于它原来的温度，因此泄漏出来的液体就会马上蒸发气化。

2.液化气的外观和气味

除了氯和二氧化硫等少数货品外，其他绝大多数液化气货品都是无色的。氯是淡黄色的液体，蒸气是绿色或绿黄色；二氧化硫则是淡棕色透明液体。

纯净的甲烷、乙烷、丙烷、丁烷、丁烯、戊烷、戊烯、氮和制冷剂气体等液化气货品是无色无味的，而其他液化气货品都有特殊的气味，为了便于察觉泄漏，对用于民用燃料LNG、LPG需增添加臭剂。

3.液化气的比重或相对密度

除了氯、溴甲烷、二氧化硫、亚乙烯基氯(二氯乙烯)外，IGC规则所列的其他液化气货品液体的比重(与水相比)均小于1，比水轻，一旦泄漏，在它们气化前会漂浮起来。对于不溶于水的货品，可利用货舱底部的排污管或扫舱管将水分排掉。

基本上绝大多数的液化气货品的蒸气都比空气重，只有甲烷和氨的蒸气比空气轻，乙烯和液氮等的蒸气虽也比空气轻但密度接近空气。因此，液化气货品泄漏时绝大多数货品蒸气比空气重，易沉积在处所的底部或低洼地带，不易扩散，容易使人吸入中毒窒息或发生可燃气体爆炸事故，当发生火灾时蔓延迅速，较难扑救，并且火焰集中于底部，对人员的伤害要比密度较轻的可燃气体严重。

4.液化气的自身聚合反应

液化气货品的自身反应是聚合反应，这类反应都是同一种物质分子(单体)间相互反应结合形成同分子聚合物。液化气的自聚合反应是由于存在其他少量货物、某种金属过氧化物、游离基或短波辐射等原因引起。聚合过程通常是放热的，产生的热量又会促使聚合反应加剧。在整个聚合过程中，货物会变得更加黏稠，直至最后变成坚硬的聚合物为止。

凡是可能发生聚合反应的货品，应在装船前加入适当的抑制剂。对于某些会发生自身反应，但又无合适抑制剂的货品(如环氧乙烷)，则必须降温冷冻并用惰性气体覆盖载运，惰性气体的含氧量不得超过0.2%(体积)，并使系统保持正压，以防空气进入。

5.液化气货品与空气反应

有些液化气货品会与空气反应生成不稳定的过氧化物，并会导致爆炸。为了避免过氧化物的生成，必须利用抗氧化剂等对这些货物进行抑制，或在惰性气体覆盖下载运。

6.液化气货品与水反应及其腐蚀性

除了部分液化气货品会与水起反应生成水合物或导致水结冰外,大多数液化气货品都不会与水有危险反应,但是以下这些液化气货品会与水起危险的反应,如氨、氯、氯甲烷、氯乙烷和二氧化硫等货品。还有些液化气货物有腐蚀性,但在干燥时腐蚀性不大,只是与水接触后,会明显增加腐蚀性。应确保装载上述这些会与水发生危险反应的货品的货物系统无湿气和水分,装货前货物系统应干燥,惰化用的惰性气体或货舱内的空气必须具有较低的露点。

7.液化气货品的易燃性

在IGC规则所列举的34种液化气货品中:氯、氮、二氧化硫和制冷剂气体(R-12、R-22等)等四种物质是完全不可燃物质。除此之外,其他的液化气货品都是可燃性货品,泄漏出的液化气蒸气与空气混合后,在爆炸极限浓度范围内碰到火源或热源等都会引起燃烧和爆炸。

8.液化气货品的毒性

在IGC规则所列举的34种液化气货品中,有17种是有毒的,这些有毒的液体气货品包括:异丙胺、溴甲烷、氯甲烷、乙胺、氧化丙烯、二氧化硫、氯乙烯、乙氧基乙烯、亚乙烯基黑、乙醛、氨、氯、乙醚、二甲基胺、氯乙烷、环氧乙烷、环氧乙烷/氧化丙烯混合物等。常见且运输量较大的液化气货品如LNG、LPG、LEG、丙烯、丁二烯等是无毒货品,对于那些有毒的液化气,应避免接触其液货或蒸气。货物作业和应急操作时根据需要人员穿戴好防护设施,在有吸入有毒蒸气的危险时应佩戴合适的呼吸器。

第二节　热力学基本理论及应用的技术术语

要点

　　了解和掌握热力学基本理论,是掌握液化气理论特性和安全载运的关键要素。

必备知识

一、气体方程

1.理想气体状态方程

理想气体的性质简单,所以便于用一般数学关系式进行分析和计算。理想气体方程反映了一定质量的理想气体处于平衡状态时,其压强 P、体积 V 和热力学温度 T 之间的关系。

理想气体方程:$PV=M/\mu.RT$ 或 $PV=nRT$

式中:P —— 气体的绝对压力,Pa;

V —— 气体的体积,m^3;

M —— 气体的质量,kg;

μ —— 气体的摩尔质量(即分子量);

R —— 普适气体常数,理想气体为 8.314 J/kg·mol· K;

T —— 气体的热力学温度,K;

n —— 气体的摩尔分子量。

2.实际气体状态方程

工程计算中,通常采用压缩系数的方法加以校正,得到实际气体状态方程如下:

$$PV=ZRT$$

$$PV=ZMRT$$

$$PV_M=Z_URT$$

式中:P —— 气体的工作压力;

Z —— 压缩系数;

u —— 气体分子量。

二、热力学的定律和过程

1.热力学第一定律

热力学第一定律是能量守恒与转化定律在热现象的应用,它指出了热能与其他形态能量的相互转化和总能量守恒,在工程热力学的范围内则主要是热能和机械能之间的相互转化和守恒。它有多种表述形式,对于本教材内容而言,较适合的表述内容是:"从一个热源失去的热量等于接受该热量的物体得到的热和作用于其上的功的总和"。

2.热力学第二定律

热力学第二定律就是解决这些过程进行的方向、条件和深度等问题的规律。其中最根本的是关于方向的问题。

对液化气水上运输而言,假如水或空气的温度高于货物的温度,热量就会流向货物直到温度相等。液货舱绝缘的目的之一就是要减少热量的漏入,再液化装置的目的则是要将漏入货物的热量排除到水中去。如果要使热量流向水中,则在再液化系统内的某一环节处货物蒸发出的蒸气必须高于水的温度。

三、物质状态

同一种物质可以具有三种不同的状态，即固态、液态、气态，这三种状态可以通过某些物理条件的变化而互相转化。

1.气化

当物质以液体状态存在时，分子间吸引力起主导作用，所以分子聚集在一起。但在液体分子中，动能较高的分子会克服液体表面分子的引力，逸出液面成为气体分子。物质从液态变成气态的过程称为气化，物质在汽化过程中需要吸收热量。

2.液化

物质从气态变为液态的过程称为液化，物质在液化过程中放出热量。气态时分子运动很剧烈，分子间的距离很大，分子间引力很小。如果对一种气体进行冷却、加压，这时气体分子运动平均速度会降低，分子间的相互吸引也会因分子间距离缩小而增大，当压力足够高，温度足够低时，分子间的吸引力就能克服分子相互离开的趋向，分子就能聚在一起，气体就变为液体。

3.凝固

物质从液态变为固态的过程叫凝固。凝固过程中物质放出热量。

4.升华

物质从固态不经液态直接转变为气态的过程叫升华。

装载于液货舱内的液化气，由于分子不断扩散和碰撞运动，经过一定时间后，若蒸发速度与凝结速度相等，也就是飞离液面的分子数与返回液面的分子数恰好相等，此时气相中的分子数不再增加，液相中的分子数也不再减少，这种现象称为气、液两相动态平衡。只要温度和压力保持不变，这种动态平衡也维持不变。但是，如果利用压缩机抽取货舱内的货物蒸气，货舱内蒸气压力降低，则液货舱内原来的相平衡状态便遭破坏，促使液相加剧蒸发。利用液相汽化不断吸热来降低液货本身的温度，这是液化气船控制货物温度的主要手段。当货舱的蒸气不再被抽吸走时，货舱内的液化气货物会在新的压力、温度条件下再次达到气、液两相的动态平衡。

在一个密闭的容器内，气、液两相达到动态平衡时的状态，称为饱和状态。饱和状态时的液体称为饱和液体；饱和蒸气所显示出来的压力称为饱和蒸气压，简称蒸气压。

第三节　常用液化气货品的属性和特性

要点

　　液化气体船所载运的34种液化气货物中有11种货品也包括在IBC规则内,在环境温度和大气压力的条件下,大多数液化气货品是呈气体状态的,只有异戊间二烯、异丙胺、氯化丙烯、偏二氯乙烯、乙醚、环氧乙烷/氧化丙烯混合物(环氧乙烷含量按重量计不超过30%)戊烷、戊烯等8种货品在常温常压下是呈液体状态。当然,在船运状态下,所有的液化气货品都是液化后在液体状态下运输的。

必备知识

　　液化气运输中,最常见、运输量最大的是作为能源用的液化天然气和液化石油气两种。本节的内容将重点介绍这两种货品。

一、液化天然气(LNG)

1.液化天然气的成分

　　LNG是液化天然气的简称。LNG的主要成分是甲烷。天然气是从地底油气田中开采获得的碳氢化合物和非碳氢化合物的混合气体。其中从油田开采中获取的天然气叫伴生天然气,从单独气田开采中获得的叫非伴生天然气。非伴生天然气比较纯净,热值较高。从气田中生产是获得天然气的主要途径。

　　不同的气田生产的天然气成分不同。一般而言,甲烷占主要成分、占体积的70%~95%(有的甚至高达99%),另含有少量的乙烷、丙烷、丁烷和统称为天然气液的重质烃(NGL),以及少量非烃物如水、二氧化碳、氮、硫化氢以及其他非烃杂质。

2.LNG的生产

　　(1)清除重质烃和非烃物质。首先利用酸性气体如CO_2和H_2S把未加工的原始天然气中的重质烃(NGL)除去,然后用水蒸气清除留在天然气中的酸性气体。最后再利用脱水装置除去天然气中水分和水蒸气等。

（2）分离出丙烷和丁烷。利用丙烷和丁烷沸点比甲烷、乙烷高许多的特性，将天然气分别降温到丙烷和丁烷的沸点以下，使丙烷和丁烷液化而将其从天然气中分离出来。也可以在环境温度下将天然气加压，使丙烷和丁烷液化而将其与天然气分离。

（3）将天然气降温液化。天然气可被加压液化的临界温度为-82.5 ℃，此时液化所需的压力（临界压力）为4.47 MPa，为了避免使用大而重的压力容器，LNG都是在常压低温状态下贮存运输。在大气压力条件下将天然气降温到−160 ℃左右即可将天然气液化得到LNG。

3.LNG的用途

尽管受到将其从产地到消费市场的运输技术和运输费用的限制，但由于天然气热值高，使用方便，价格适宜并且是一种清洁燃料等优点，在世界主要的能源消费地区，LNG一直是主要的燃料来源。通过城市燃气管线将天然气很方便地送到居民和用户家使用。同时在工业方面，天然气也是很重要的热源。由于燃烧清洁，在玻璃陶瓷厂、面包厂、发电厂等都广泛使用天然气，并逐渐推广到车辆和航空中做为无污染、高性能燃料。

石油化学工业是天然气的另一个重要市场。由于天然气（甲烷）比其他碳氢化合物含氢比例大，而氢是生产化肥、树脂的重要基础，所以天然气是极好的化学工业原料，被用作生产化肥、塑料、胶粘剂等的原料。

4.LNG的性质和特点

（1）纯净的LNG是无色、无味、无毒和透明的液体，LNG比水轻，不溶于水。LNG蒸气比空气轻，货物泄漏时蒸气往上升，易于扩散，因此发生爆炸的危险性相对LPG较轻。

（2）LNG化学性质稳定，不活泼，与空气、水及其他液化气货品在化学上相容，不会起危险反应（与氯可能有危险反应）。

（3）结构材料方面，由于LNG是非腐蚀性货晶，所以只要求能耐低温的金属材料。如不锈钢、铝、铜、含9%或36%全镍的合金钢等。

（4）LNG无毒，LNG液体会使眼睛和皮肤严重冻伤，高浓度的蒸气会使人晕眩、困倦但没有持久的影响。

（5）由于LNG的临界温度远低于环境温度，所以只能采用全冷冻的条件运输与贮存，即在常压沸点温度下运输，适用的船型是2G型。

（6）由于LNG属于混合物，货品的成分不同会影响它的理化性质，运输时需向货主索取有关数据和建议。

二、液化石油气(LPG)

1.LPG的成分

LPG是液化石油气简称。液化石油气即"被液化了的石油气"，它本身在常温常压下属于气体，只是为了便于运输和贮存，在采取加压或降温或两者兼施的措施后才液化成液体的。液化石油气是碳氢化合物的混合物，主要成分是丙烷和丁烷，但是由于生产和净化的不同原因,LPG主要是由俗称碳三(C_3)和碳四(C_4)的一种或多种烃类化合物组成,包括甲烷、乙烷、戊烷、乙烯和戊烯等成分。此外,还有微量的硫化物、水蒸气/水和其他非烃类杂质。液化石油气的来源不同,其各种成分和含量也不同。为了准确了解LPG的成分和含量,通常使用气相色谱仪对LPG进行定性和定量的分析。

2.LPG的生产

液化石油气的来源,主要有4个方面:

(1)来源于炼厂石油气

炼厂石油气是石油炼制和加工过程中产生的各种气体的总称。其总量取决于炼油厂的加工方案和加工深度。对于采用燃料油—润滑油浅度加工方案的炼油厂,炼厂石油气总量约占入厂原料重量的4%~5%;对采用纯燃料油深度加工方案的炼油厂,炼厂石油气总量一般为入厂原料重量的6%~9%。

(2)来源于石油化工厂的副产品

石油化工厂用石油的一些产品如甲烷、乙烷、石脑油、轻柴油等作原料,以生产合成氨、甲醇、塑料、合成橡胶以及各种的化工产品。与此同时,也副产部分LPG。目前国内只有少数石油化工厂将副产的LPG用作民用燃料。

(3)来源于油田伴生气在石油开采过程中,石油和油田伴生气是同时喷出的。油田伴生气含60%~90%的甲烷和乙烷,10%~40%的丙烷、丁烷、戊烷和其他重质烃。利用装在油井上面的油气分离装置,可使石油和伴生气分离,然后再利用吸收法将油田伴生气的各种碳氢化合物分离,从而提取得到LPG。

(4)来源于天然气

天然气和石油气往往共同蕴藏在地壳内的气田中,气田开采出来的原始气体通常含有甲烷85%~95%,C_3和C_4一般含2%~5%。可采用压缩、吸收、吸附或低温分离的方法,将其中的C_3和C_4分离出来以获得LPG。

3.LPG的用途

(1)家庭和工业的优质燃料。LPG热值高,燃烧清洁,与LNG一样,是城市燃气的主要气源。

(2)石油化学工业的重要原料。LPG用作合成橡胶、合成纤维、合成树脂和塑料等产品的原料。

(3)理想的汽车燃料。LPG气体燃料燃烧平稳均匀,比气油等污染少,并且有良好的启动性能。从环保需求出发,许多国家城市正在推广LPG作为汽车燃料。对于汽油机可较容易改用LPG。柴油机较难,但LPG可作为柴油机的辅助燃料。

(4)其他用途。如用作溶剂,LPG的丙烷也用作制冷设备的制冷剂等。

4.LPG的性质和特点

LPG是C_3和C_4的混合物,货品的组成会影响其理化性质和有关数据。

（1）气态比重大，比空气重1.5~2.1倍。丙烷、丁烷在标准状态下的气态密度分别为2.01 kg/m³和2.7 kg/m³。

（2）液态比水轻，比水轻约一半。LPG密度随温度变化差异很大，在常温时约为0.5~0.58。0 ℃时丙烷和丁烷的液体密度分别为528 kg/m³和601 kg/m³。

（3）LPG既能在常温下加压液化和常压下降温液化，又能在常温下气化。而且从气态转变为液态时，体积缩小250~300倍。丙烷和正丁烷在大气压下的沸点分别为-42.3 ℃和-0.5 ℃。

（4）LPG液体容积膨胀系数大，是水的16倍。温度上升，液相体积膨胀大。

（5）LPG易燃易爆。它的爆炸极限范围较窄，约为1.5%~9.5%，而且爆炸下限比其他可燃气体低，这意味着泄漏少量的LPG就可能与空气形成爆炸性混合气体而使环境处于危险中。

（6）LPG液体气化潜热大，液态LPG喷出接触人体皮肤时，会迅速气化而吸收人体皮肤表面的热量，造成皮肤冻伤。

（7）LPG热值高，约为22 000~29 000 kJ/m³，是城市优质燃气，但燃烧需要的空气量很大，完全燃烧约需20~30倍的空气量，厨房等使用场所必须通风良好，否则易发生使人中毒或窒息的事故。

（8）LPG是石油产品，对同簇易溶解，在酒精、乙醚和高于乙醇的高醇中能完全溶解，LPG基本不溶于水。

（9）LPG饱和蒸气压较大，随温度升高而加大。

（10）当温度低于露点温度或压力大于饱和蒸气压时，LPG气体容易产生凝液，管道管网输送LPG气体时，应防止LPG气体液化。

（11）自燃温度为400 ℃~500 ℃，燃烧速度为0.38~0.5 m/s，爆炸速度约为2 000~3 000 m/s，火焰温度约为2 000 ℃，闪点在-140 ℃~-80 ℃之间。

（12）纯净的LPG是无色、无味、无毒的。但如货品不纯，含有较多的硫化氢等硫化物时会有微毒，对人体中枢神经有麻醉作用，当空气中含有10%（体积%）的LPG时，只要呼吸2 min就会引起头昏。LPG残液中的C_5也能麻醉神经，使人恶心、呕吐、晕倒甚至休克等。

（13）LPG化学性质稳定，与空气、水及其他液化气货品不会起危险反应（与氯可能有危险反应）。

（14）LPG通常可用加压、全/半冷冻等方式运输，适用的船型为2G/2PG。

第四节　液化气货品载运的安全技术要求

　　对于危险性很大的液化气货品,如氯、二氧化硫、溴甲烷和环氧乙烷等,载运这类液化气的船舶要求很严格的防止货物泄漏的保护措施,以保证人员、船舶和环境的安全,对于危险性较小的货品,要求船舶船体保护货品的安全标准适当降低。

必备知识

一、液化气货品的危险性描述及其对船型的要求

　　本节将对IGC规则所规定液化气货品用数量比较方式说明货品的危险性,以便对所有的液化气货品的危险性有一个比较全面的认识。

　　表3-1是液化气货品的危险性描述和液化气载运的安全要求及船型要求综合内容表。

　　在该表中,货品的总危险性是用(H)、(F)和(R)的危险指数来表示的。(H)指对健康的危险指数;(F)指易燃性危险;而(R)指反应性危险(例如爆炸危险)。

　　指数值目的范围从0到4,其中0表示无危险,4表示危险性最严重。评价危险性的其他标准是蒸气压力和水中的可溶性,蒸气压力越低和水中可溶性越高,蒸发率就越低,因而危险性也越小。

　　LNG和LPG的可燃性指数比其他石油产品大。由于液化气船周密的设计和结构以及货物运输特性,正常操作时液舱的爆炸性基本不存在,所以在正常情况下,LNG、LPG等液化气船的水上运输比油船要安全。

（续表）

表 3-1　液化气货品危险性描述及船型要求与安全载运要求表

序号	货品名称	联合国危险货品编号	载运船型要求	要求C型独立液舱	液货舱内蒸气空间控制	蒸气检测	液位测量	危险性指数 H	F	R	20℃时蒸气(10⁵Pa)	水溶性
1	乙醛	1089	2G/2PG	/	惰化	F＋T	C	2	4	4	1.0	是,完全
2	氨-无水的	1005	2G/2PG	/	/	T	C	3	1	0	8.7	是,60%
3	丁二烯	1010	2G/2PG	/	/	F	R	2	4	2	1.2	是,但小
4	丁烷	1011	2G/2PG	/	/	F	R	1	4	0	2.1	是,但小
5	丁烷/丙烷	1011/1978	2G/2PG	/	/	F	R	见丙烷和丁烷				
6	丁烯	1012	2G/2PG	/	/	F	R	1	4	0	2.1	否
7	氯	1017	1G	是	干燥	T	1	3	0	1	6.8	是,但小
8	乙醚	1155	2G/2PG	/	惰化	F＋T	C	2	4	0	0.6	是
9	二甲基胺	1032	2G/2PG	/	/	F＋T	C	2	4	0	1.7	是,完全
10	乙烷	1961	2G	/	/	F	R	1	4	0	/	是,但小
11	氯乙烷	1037	2G/2PG	/	/	F＋T	C	2	4	0	1.3	否
12	乙烯	1038	2G	/	/	F	R	1	4	2	/	是,但小
13	环氧乙烷	1040	1G	是	惰化	F＋T	C	2	4	3	1.5	是,完全
14	环氧乙烷/氧化丙烷混合物,但环氧乙烷重量<30%	2983	2G/2PG	/	惰化	F＋T	C	见环氧乙烷和氧化丙烷				
15	异戊间二烯	1218	2G/2PG	/	/	F	R	2	4	2	0.5	是,但小
16	异丙胺	1221	2G/2PG	/	/	F＋T	R	2	2	0	0.6	是,完全
17	甲烷	1972	2G	/	/	F	R	1	4	0	/	否
18	甲基乙炔-丙二烯混合	1060	2G/2PG	/	/	F	R	资料不全				
19	溴甲烷	1062	1G	是	/	F＋T	C	3	0	0	1.9	是
20	氯甲烷	1063	2G/2PG	/	/	F＋T	C	2	4	0	5.1	是
21	乙胺	1036	2G/2PG	/	/	F＋T	C	3	4	0	1.2	是,完全
22	氮	2040	3G	/	/	O	C	0	0	0	/	/
23	丙烷	1978	2G/2PG	/	/	F	R	1	4	0	8.3	否
24	丙烯	1077	2G/2PG	/	/	F	R	1	4	1	10.2	否
25	氧化丙烯	1280	2G/2PG	/	惰化	F＋T	C	2	4	3	0.6	是
26	制冷剂气体	/	3G	/	/	/	R	0	0	0	/	/
27	二氧化硫	1079	1G	是	干燥	T	C	3	0	0	3.3	是
28	氯乙烯	1086	2G/2PG	/	/	F＋T	C	2	4	4	3.5	否

29	乙氧基乙烯	1302	2G/2PG	/	惰化	F+T	C	2	3	2	0.6	是,但小
30	偏二氯乙烯基	1303	2G/2PG	/	惰化	F+T	R	2	4	3	0.7	否
31	戊烷(所有异构体)	1265	2G/2PG	/	/	F	R	1	4	0		
32	戊烯(所有异构体)	1265	2G/2PG	/	/	F	R	1	4	0		
33	二甲醚	1033	2G/2PG	/	/	F+T	C					
34	二氧化碳	1013	3G	是	/	O	C0	0				

注释:(1)蒸气检测要求栏:F—易燃性蒸气检测;T—毒性蒸气检测;0—氧气分析仪;F+T—易燃和毒性蒸气检测。

(2)液位测量许可类型栏:I—间接式或非贯通舱密闭式液位测量系统;C—间接式、贯通或非贯通舱密闭式液位测量系统;R—包括I、C所表示的液位测量系统以及限制式液位测量系统。

(3)货品危险性指数:H—健康危险性指数;F—易燃危险性指数;R—应危险性(如爆炸危险)指数;0,1,2,3,4—危险性从0到4依次增加,其中0表示无危险,4表示危险性最严重。

二、液化气货品特性对水上运输的安全要求

(一)沸点、蒸气压力、液体密度、热力学特性等特性

这些物理特性是设计船舶或围护系统所必须考虑的最基本因素。货品的沸点和蒸气压力是液货舱的设计压力和设计温度的最根本依据。

另外,液货的密度对货物装卸机械的功率及液货舱结构支持强度有决定性影响,而货品的沸点及热力学特性对货物围护系统的绝热保温要求和货物蒸气再液化装置冷却能力要求也有直接关系。

(二)货品的可燃性和毒性对气体检测和液位测量的要求

对于易燃性货品(大多数液化气货品均属此类),要求配置适合货品的气体探测装置,在船上气体危险处所等地方装设固定式可燃气体探测警报装置,对某些类型货舱处所和屏壁间处所需要充填惰性气体提供不燃环境,对有些液化气船有必要装设惰性气体发生装置。对货物区域内的电气设备要求也必须是安全认可型的。

另外根据规则,在货物区域内,还须装设干粉灭火系统。对于有毒性的货品,则要求配置适合货品的毒性气体检测装置。对于易燃且有毒的货品,则必须配置两种类型的气体检测和报警装置。对于有毒货品的液位测量装置,不能采用有货物喷入大气的限制式液位测量装置。

(三)液货舱气相空间的温度控制要求

对于不易燃但可能变成腐蚀或与水起危险反应的气体,如氯和二氧化硫等液化气货品,

要求进行湿度控制以确保液货舱在装货前是干燥的,并须在卸货期间引入干燥空气(在大气压下露点温度≤-45℃)或货物蒸气,以防出现负压。

(四)防止货品发生聚合反应

对于容易发生聚合反应的货品,应添加相应的货品抑制剂,应注意确保货物被充分抑制,以防止在整个航行期间起聚合反应。

(五)再液化制冷系统要求

对于有高度危险性或因化学稳定性差而不能压缩的液化气货品,如溴甲烷、乙醛、环氧乙烷、氧化丙烯、氯、二氧化硫等货品,只能采用间接式再液化系统,将货物或汽化的货物用制冷剂予以冷却或冷凝,不能采用将汽化的货物直接压缩液化的直接式制冷系统。

(六)液货舱的气相空间的惰化要求

对于某些化学性质特别活泼的液化气货品,在贮运期间其蒸气空间必须用氮气惰化。比如环氧乙烷,其爆炸极限为3%~100%,即使在完全没有氧气状态下,也会发生爆炸,所以载运这类货品时,对其蒸气空间应充入氮气作为稀释剂,使氮气体积浓度≥45%。

在卸货作业时,气相层内也必须充满氮气而不能用货物气体,因为氮气浓度一降低,即使没有氧气,气相中的货物浓度也可能处于爆炸范围。

(七)装货前货物系统除氧要求

一般的可燃货品,如LNG和LPG等,为防止与空气混合形成爆炸性混合气体,要求货物系统在装货前惰化除氧,含氧量应低于8%(体积),为安全起见,一般要小于5%或更低。

(八)载货液货舱类型要求

对于一般液化气货品,其货船类型主要取决于货物液化载运的方式及设计温度与设计压力,可有许多类型。

但是,对综合危险性较大的货品,如氧化丙烯、乙醚、异戊间二烯等,规定必须要用独立液舱载运,对于氯、溴甲烷、二氧化硫等剧毒危险货品,则必须采用独立C型液货舱载运。

(九)货物系统的材料要求

液货舱等货物系统的材料必须能耐货品载货时的低温,并且在化学上要与货品相容。一般的液化气货品对普通碳钢或不锈钢及其他常见造船材料是化学相容的。但有些液化气货品,对部分材料是不相容的,要求可能与货物接触的材料应能抗气体的腐蚀作用,并且用于液货舱及其相连的管路、阀门附件和其他设备,必须注意货品的禁用材料。

(十)货泵或卸货方式的特殊要求

由于货物的特殊性,如二乙醚、乙烯基乙醚、环氧乙烷和氧化丙烯混合物等货品只能用深井泵或液压操纵的潜水泵卸货,或用惰性气体置换法卸货。环氧乙烷只能用深井泵或惰性气体置换法卸货。

三、水上经常运输的特殊液化气货品的安全要求

由于货品的特殊性,许多液化气货品在载运时与LNG、LPG和乙烯这类货品相比有额外的特殊要求。

1.乙醛(全压式载运)

该物质沸点高,1个大气压时为20 ℃,在45 ℃时饱和蒸气压力为2.46 kgf/m²(绝对压力)。由于蒸气压力低,故在卸货时经常得不到回流蒸气,易出现负压,因此有些船装设有生产加压用货物蒸气的货物蒸发器。乙醛与空气(氧气)接触生成过醋酸,可能会产生分解爆炸。此外,生成的醋酸会对很多种金属有腐蚀作用。所以,其气相部分必须惰化除氧,舱内的氧气浓度必须维持在0.2%以下(体积)。

乙醛的压力释放阀压力设定值一般为1.43 kgf/cm²(表压)。如要为保证正压而加入氮气时,由于压力的叠加作用,其压力释放阀的设定压力将会是2.8 kgf/cm²(表压)。

装运乙醛的船必须配备可燃气体和毒性气体两种类型的气体检测报警装置。液位测量系统要求是密闭式的。如液舱内设有限制式液位计,即使不使用,该液舱也不能用于装载乙醛。除了乙醛专用船外,作为多用途的液化气船在装载乙醛时,必须考虑到货物的相互反应。

对乙醛货品的气相部分要求惰化除氧。当然LPG船也要求除氧,但乙醛既要严格限制氧气的浓度(≤0.2%,比LPG低得多),又要设置不使外界空气导入液舱的负压防护装置,或液货舱能承受货物作业时可能产生的最大负压。乙醛船绝对禁止使用导入大气式的负压安全阀。

2.氨(全压式、半压式或全冷式载运)

虽然氨并不是易燃货物,且着火能量与着火浓度均要求高,但它仍是可燃的。高浓度的氨在有限空间内,可能引起燃烧,因此除开敞甲板区域可按一般船舶使用标准的电气设备外,在其他封闭的危险区域使用的电气设备必须满足对易燃货品的要求。

同时决不能把液态氨从舱顶喷溅入含有空气的液货舱内,因为这样会在舱内引起静电荷,从而可能造成着火危险。当氨在-20 ℃(蒸气压力为0.195 MPa)以上温度载运时,为了使应力腐蚀裂缝的危险性降至最低限度,故在液态氨引入之前,受压容器内和碳锰钢(及其他经特殊考虑的钢材)制成的管子内蒸气空间中的含氧量,应降至可能的最低值。在-33 ℃下作业的液舱冷凝系统可能会受到影响,除非它们已经作了热应力消除。

与氨接触的材料必须与它的化学性相容。由于氨气对铝和铝合金有明显腐蚀性,铝和铝合金列作氨的禁用材料。

由于电动潜水泵内有铜或其他氨的禁用材料,故载运氨的液化气船卸货泵不使用这类泵,而是采用深井泵等。

四、特种液化气货品氯和环氧乙烷的安全运输

氯和环氧乙烷是液化气货品中最为危险的货品,必须用1G型船舶载运。对于这类具有特殊性质的液化气,一般的液化气船是无法载运的,必须使用专门设计建造的专用船舶运输。

(一)氯的运输

氯是剧毒、化学性质活泼和有腐蚀性的物质,与LNG和LPG等液化气相比,它的密度相当大,在-34 ℃时的液体相对密度为1.557,远远大于一般液化气,在大气压下的沸点为-34 ℃。

1.IGC规则的特殊要求

由于这种货品的特殊性,IGC规则第17章中对液化氯气船规定了一些特殊要求,除了这些特殊要求外,其他方面则是与LPG、LNG等一般液化气船相一致的。

2.货物贮存时气相空间的控制

氯气中若含有水分,则腐蚀性显著增大。因此,液化氯气运输船仅允许运输不含水分的氯(称干燥氯气)。氯气中含有水分的允许限度定为150 ppm(重量比)。

关于氯气的装载状态,要求罐内气相空间的货物蒸气浓度在体积80%以上。这是为了避免当进入空气和氮气时,压力迅速上升,压力释放阀在较低的温度下开启的情况发生。

3.对货物性质状态考虑

对于氯气运输船的设计和货物作业,必须对货物的性质状态进行格外深入地研究。

4.卸货方法

一般使用压力卸货,这时,从安全上要求是不允许在船舶上装设货物压缩机的。因此,要利用来自岸上的货物气体或氯气,或用干燥空气进行压力卸货。允许在船上装备用于加压的氮气压缩机或空气压缩机。

在船舶上的液舱可以装设潜水泵。但是,氯气是一种随着温度和压力的上升而活泼性和腐蚀性都显著增加的物质。为了避免温度升高,要求泵在完全浸没的状态下运转。因此,在装设潜水泵时,必须设有凸槽,将泵置于其中。

5.装载率

由于以下理由,氯气的装载率受到限制,这是设计上和装运期间应注意的事项。

(1)货舱的压力释放阀设计压力高,相对于设计压力的氯气的饱和温度约为52℃(对于其他液化气的全压力货舱,其设计压力可取45℃时的货物饱和蒸气压)。

(2)为提高装载率而追加设置压力释放阀的方法是不允许的。这些考虑都是为了在即使发生危险时,也要尽可能地减少氯气的排出。

6.回收装置

在氯气运输船上,装有氯气回收装置,其装设目的如下:

（1）即使压力释放阀开放，也要尽可能地减少氯气排入大气。在误操作造成压力释放阀开放时，也不致于将氯气直接排入大气。

（2）吸收与回收设置在货物管路上的压力释放阀排出的氯气。

（3）吸收与回收罐体和管路装置内的残留氯气。

可以装设两套回收装置。其中一套用于前述的（1）和（2），为防备发生火灾时造成大量的氯气排出，将其通过回收装置后再导入货物通气装置，可以吸收与回收一部分氯气，减少排入大气的氯气量。另一套装置是为（3）的目的而设的，即用于放气和清洗。

氯气回收装置一般是洗涤式反应吸收装置，使用浓度为15%的苛性钠作为吸收剂，它是以化学反应式吸收中和氯气

（二）环氧乙烷运输

环氧乙烷（氧化乙烯）是可燃的有毒物质，并且化学性质非常活泼。由于环氧乙烷的危险性，环氧乙烷的水上散装运输比氯气就更为复杂。

1.环氧乙烷的主要性质

归纳总结如表3-2所示。

表3-2 环氧乙烷的主要特性

项 目	性 特
外观、气味、毒性等	无色透明、特殊乙醚味、高浓度时有刺激性气味。吸入毒性(TLV-TWA=50 ppm, TLV-STEL=75 ppm)，即使皮肤接触(特别是眼睛)也会出现危害气味。阈限值为260 ppm
沸点、蒸气压、密度等	沸点10.7 ℃，蒸气压(37.8℃) = 2.75 kgf/cm2(绝对压力)。气体相对密度= 1.49 (空气=1) 液体相对密度=0.9232(−20℃),0.8769(0℃),0.8694(20℃)体积膨胀率=1.61×10⁻³/℃(20 ℃),1.51×10⁻³/ ℃ (50 ℃)
燃烧特性	闪点: <−20℃，爆炸极限: 3 % ~ 100 % (体积%)，自燃温度为 429 ℃,即使没有火源，由于聚合及掺水反应产生热量，有时也会在容器内爆炸
化学性质	极活泼,和水、酒精、氨等多种物质反应,生成另一种物质。与铁锡和铝的无机氯化物、酸碱、金属的氢氧化物、氧化铁、氧化铝等聚合发热,产生大量热量。与空气不发生反应
腐蚀性	没有发现对金属的腐蚀。但是,因铁极易生锈(氧化铁),因此推荐管路装置使用不锈钢材料,容器使用镀锌钢制造

2.IGC规则对运输环氧乙烷的特别要求

IGC规则第17章对环氧乙烷的运输有许多特别要求。除了这些特别要求外，其他方面与一般的液化气船要求相同。

3.货物的贮存与运输状态

环氧乙烷的爆炸极限范围很广，浓度范围为体积的3%~100%，即使在完全没有空气（氧

气)的状态下,有时也会发生爆炸。这时必须往气相层中充入氮气等,作为稀释剂,保持必要的组成成分,以防止发生爆炸。

4.对装卸货及其他货物作业的考虑

在对环氧乙烷进行卸货时,要求对气相层内充满氮气(不可用货物气体)。在排气时必须用氮气取代环氧乙烷,直到环氧乙烷的体积浓度达到6.5%以下。然后再利用空气进行通风排放作业。

5.紧急的排放装置

IGC规则没有强制规定。

第四章

液化气船的设计与构造

第一节　液化气船的结构设计和布置要求

要点

液化气船具有特殊的结构,设计时应注意考虑对船舶、货物及人员的保护等相关措施。

必备知识

一、液化气船的结构设计要求

液化气在常温常压下是气体,而气体密度远小于液体,为了载运更多货物,需将液化气液化后以液态运输,散装液化气的水上运输才从经济上切实可行。目前水上运输量较大的液化气货品是LNG、LPG和氨,其他较常见的货品还包括一些化工用途的化学气体,如乙烯、丙烯、丁烯、丁二烯和氯乙烯等。除LNG和乙烯外,以上这些货品的临界温度都低于环境温度,都可以在环境温度条件下加压液化。同时根据需要,也可以采用冷却或加压冷却并用等方式液化。LNG、乙烷和乙烯等液化气的临界温度低于环境温度,不可能在环境温度条件下单靠加压液化。但可以以冷却或加压冷却并用的方法液化。由于液化气船适装货品种类较多,而各种货品密度均小,并且又各不相同,所以液化气船的大小通常用载货容积而不是用载货重量表示。

设计液化气船时,对以下的一些因素应予考虑:

(1)载运货物的种类及其性质要求。

(2)载运时货物的状态(即全压、半冷、半压/全冷、全冷等)

(3)船舶要求的货物处理的灵活程度。

(4)船舶装卸货时码头设施。

液化气船比其他种类船要采取更严密的设计,这从它所采用的各种类型货物围护系统中可看到。

二、液化气船的安全布置要求

1.外形结构特点

液化气船的总体布置与常规的油船相似,可以认为前者是从后者发展而来的。机舱和占层建筑均设于船的尾部,货物储存于货物区域的液舱内。但是由于液化气货品与油品性质不同,需要加压,或冷冻,或加压和冷冻相结合来装运货物,所以液化气船与油船或不同类型的液化气船之间在货物围护系统方面也有很大不同。从外观上,用于装载加压货物的液化气船很容易认出来,因为它们的货舱是圆筒形卧罐或球罐,并且一部分或全部露出甲板面。同样,货舱是球形的 B 型独立液货舱的 LNG 船也容易认出来。但用于装运常压低温货物的液化气船在外观上就不容易与油船区别开,只是由于液化气货品密度低,同等载重量时其液货舱比油船大,并且要设置专门的压载舱,所以液化气船的干舷比油船的高。

2.双层船壳结构

除少数的小型压力式船或改装船外,对载运货物温度低于−10 ℃ 的所有液化气船都要求设置双层底,对载运货物温度低于−55 ℃ ,还硬性规定必须设置双层舷侧(边舱)。在万一发生碰撞或搁浅时,这些双层船壳设施将对液舱提供极好的保护作用。对于一些液化气船,虽没有完整的双层舷侧结构,但液货舱与船舷内侧也有一个规定的安全距离。货品危险性越高,这个距离就越大。

3.居住舱室和压载舱

所有的居住舱室均设在船的尾部,并且液货舱不能当作压载舱使用,必须设置专用的压载舱。

4.液货舱的主屏壁和次屏壁

液货舱的主屏壁可在多种液舱结构形式中采用,为保护船壳,大多数都要求增设次屏壁。所有液化气船的液货舱或主屏壁外都留有足够空间作为施工、修理、检查液舱泄漏之用。在载运低温易燃货品的液化气船上,这些空间充满干燥的惰性气体。如是低温非可燃货品则要求是干燥的空气。次屏壁的作用是当主屏壁万一泄漏时,能防止低温液货泄漏到船体普通构件处。

第二节 液化气船的类型和特点

要点

了解、熟悉液化气船的类型和特点,可以帮助我们更好的储运相关液化气货品。

必备知识

一、液化气船的分类

1.按所装货物种类分类

(1)LPG船(液化石油气船):主要装运液化石油气,还可以装运无水氨、氯乙烯单体等。

(2)LNG船(液化天然气船):主要装运液化天然气。

(3)LEG船(液化乙烯气船):主要装运液化乙烯气,还可以装运液化石油气。

(4)LAG船(液态氨运输船):主要装运液态氨。

(5)液化氯气运输船:一般只能装运液化氯气。

(6)多用途船:这种船舶除了能装运液化气货物以外,还能装运其他种类的货物。

2.按设计装运货物的危险程度分类

(1)1G型船舶:用于载运要求采取最严格防漏保护措施的货品的液化气船。

(2)2G型船舶:用于载运要求采取相当严格防漏保护措施的货品的液化气船。

(3)2PG型船舶:系指长度为150 m及以下载运要求采取相当严格防漏保护措施的货品的液化气船;且这些货品要求装载于MARVS至少为0.7 MPa(表压力)及货物维护系统设计温度为-55 ℃或以上的C型独立液舱内。

(4)3G型船舶:用于载运要求采取中等防漏保护措施的货品的液化气船。

因此可以看出:1G型船舶是用于载运具有最大综合危险性货品的船舶,2G、2PG、3G型船舶所载运货品的危险性依次减小。

3.按所装货物的液化方法分类

(1)全压式液化气船:所装载的货物是在常温下被加压至其饱和蒸气压以上的方法将货物进行液化。

(2)半压/半冷式液化气船:所装载的货物经冷却降低了其饱和蒸气压,同时又加压至其饱和蒸气压以上而使其液化。

(3)全冷式液化气船:所装载的货物是在接近于大气压力的情况下被冷却至其饱和蒸气温度以下而使其液化。

二、各种液化气船的设计及其特点

根据载运的货物种类以及货物液化贮运的方式分,液化气船包括以下6种船型:全压式液化气船、半冷/半压式液化气船、半压/全冷式液化气船、全冷式LPG船、乙烯船和LNG船,其中半冷/半压和半压/全冷式船又可统称为半冷式或冷压式液化气船。由于船型不同,其设计依据和特点也各不相同,以下分别予以介绍。

1.全压式LPG船

(1)设计依据

采用常温压力方式。液化气贮存于没有温度/压力控制的C型独立液货舱的压力容器内,处于环境温度状态,液货舱内压力为环境温度下的液化气饱和蒸气压。液货舱必须承受货物在环境温度下的饱和蒸气压力,以维持液化气的液化状态。通常假设营运中可能遇到的最高环境温度为45℃,在45℃以下能单靠加压就能液化的液化气货品中,丙烯的蒸气压力最大,在45℃时约为1.7MPa(表压)左右。如选用大于或等于1.7MPa的设计压力,便能适装所有在45℃时饱和蒸气压力不大于1.7MPa的液化气,故典型的全压式液化气船的设计压力均大于1.7MPa。这类船舶适装于临界温度大于45℃的所有液化气,如丙烷、丙烯、丁烷、LPG、丁烯、丁二烯、氨、氯乙烯等,对于临界温度低于45℃的液化气,如甲烷、乙烷和乙烯等,均不能用全压式船装运。

(2)一般特点

就货物围护系统和货物装卸设备而言,全压式船是所有液化气船中最简单的,货舱是压力容器,不设再液化装置和保温层,货物操作和货物管理比较简单。

液货舱是满足压力容器标准的货舱,一般为圆筒形卧罐或球罐。用圆筒形卧罐时,由于技术上的原因,单舱最大容积为1 500 m³左右,一般设两个水平的圆筒形卧罐。对于设计压力在1.57 MPa(16 kgf/cm² 表压)以上的液化气船,如总容积要求超过3 000 m³则通常采用球形货罐,一般设4~5个球形舱。绝大多数全压式液化气船货舱上半部凸出于露天甲板之上。

沿液货罐长度方向一般还设置二道横向制荡舱壁。船舶一般设双层底,有些还设有顶边压载舱,不设次屏壁,货舱处所内不要求充注惰性气体,可用空气通风。

由于货舱设计要承受较高压力,罐壁厚,货舱自重大,且单个液舱容积受限制,液舱数也受限制,甲板下的空间无法充分利用,因而液舱总容积和载货量受限制。同时由于在常温下运输货物,货物密度比全冷、半冷式船低,即使同样舱容,其载货量也比其他船少。所以这类船舶大多数是小型船舶,大多数载货容积在2 000 m³以下,很少有超过4 000 m³的。它主要用于小宗货物的短途运输。主要货物是LPG。

图4-1所示是一小型全压式液化气船,货舱为两个水平圆筒形卧罐。

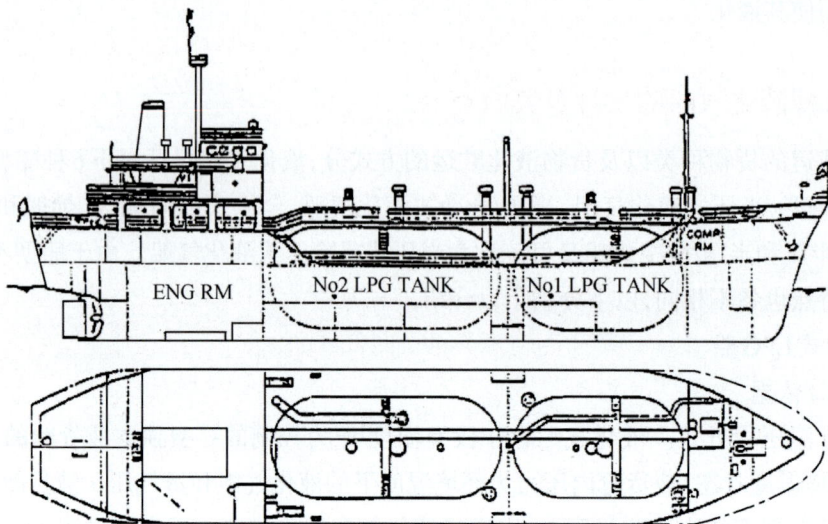

图4-1 全压式液化气船货舱结构(两个水平圆形卧罐)

总长/型宽/型深/吃水:65.28 m/11.4 m/5.15 m/4.34 m;水密试验压力:30.5 kgf/cm³;使用温度:0 ℃~45 ℃;货泵:2 台,深井泵200 m³/h× 110 m;货罐安全阀设定压力:18 kg/cm²(高)6 kg/cm²(低)。

图4-2所示是另一个小型全压式液化气船,货舱为四个球罐。

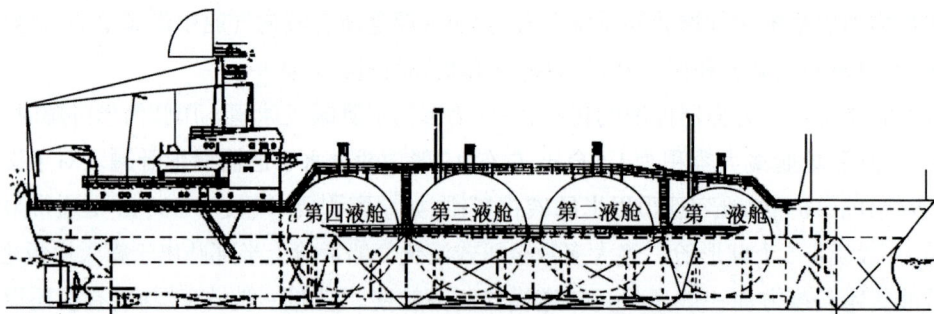

图4-2 全压式液化气船货舱结构(四个球罐)

总长/型宽/型深/吃水/:93.78 m/15.0 m/7.20 m/5.04 m;MARVS:1.76 MPa(高压),0.49 MPa(低压);液货舱:球罐4×800 m³;货泵:深井泵×4;设计温度:0 ℃~45 ℃。

2.半压半冷式LPG船

（1）设计依据

采用低温压力式。液化气贮存于属于C型独立液舱的压力容器内。液货舱设有保温绝热材料,通过再液化装置控制货物的温度和压力,把货物的温度控制于最低设计温度与环境温度之间,从而把货物的蒸气压力控制在常压和最大设计工作压力之间。由于设有再液化装置控制货物温度,所以货舱的设计压力比全压式船小。

（2）一般特点

液舱是压力式货船,有保温绝热层,设有再液化装置,不需设置次屏壁,液货舱的最大工作压力一般为0.4~0.8 MPa(表压),允许最低的货物温度为一般为-5 ℃~-10 ℃。由于设计压力低,单个货舱的容积比全压式的大。这类船舶载货容积可达7 500 m³甚至更大。这类船舶所载运货品基本上与全压式船相类似,总体布置则类似于全压式船和半压/全冷式船。实际上,随着钢材低温技术的发展,目前新建的冷压式液化气船基本上都是半压/全冷式液化气船。

3.半压/全冷式液化气船

（1）设计依据

这类船舶布置和原理与半压/半冷式船基本一致,是采用低温压力方式。由于设有再液化装置,所以货舱的设计压力可以比全压式船低,一般为0.3~0.8 MPa(表压),但货舱可以承受更低的温度,通常选取目标货品中最低的沸点温度作为设计温度,。半冷/半压式船和半压/全冷式船并不能截然区分,往往统称为半压式船或冷压式船,它们的温度和压力选择主要根据运输的需要而定。

（2）一般特点

这类液化气船与半压/半冷式船一样,大多为多用途船舶,主要用于运输作为化工原料的液化气,如乙烯、丙烯、丁二烯、氯乙烯等,也可以装运氨和LPG等。其载货总容积大多数在1 500~30 000 m³之间。货舱都设有保温绝热材料和容量较大的再液化装置,有些船还设有惰性气体发生装置。与全压式船相比,冷压式船由于设计压力降低,货罐的重量大幅降低,货重与船重之比为4:1左右,而全压式船为2:1。同时由于运输温度低,货品密度较大,因而运输效率高,同样舱容下采用半压/全冷式可比全压式船增加26%的货载。

冷压式船的货舱都是C型独立液货舱,但由于设计压力较低,所以单个液舱的容量比全压式的大,最大的单舱容积为5 000 m³,这类货舱与全压式船货舱形状相同,均是圆筒形、球形或双联圆筒形,但采用球形的较少。

4.常压/全冷式LPG船

（1）设计依据

这类船采用常压全冷方式,只是根据货品种类和制冷低温等级不同而予以区分。常压/全冷式船的设计依据是:液化气贮存于不耐压的液货舱内并处于常压下的沸点温度附近,通过把货物温度控制在大气压下沸点温度而使其保持液化状态。这时液货是处于常压下的沸腾状态，称为"全冷"。处在"全冷"时的液货的饱和蒸气压力差不多等于外界大气压力，所以液货舱可以不必采用压力容器结构，但必须能承受低温，因为液化气在大气压下的沸点远低于0℃。普通钢材在温度低于0℃时会迅速降低韧性，变脆变硬，所以这类液货舱必须要用特殊的耐低温材料。

常压全冷式船必须设置能控制货物温度和压力的系统，如货物蒸气再液化系统或货物蒸气作燃料处理系统，以保持货舱压力低于压力释放阀最大允许的调定值，并保持液货温度在其沸点附近。在液舱及其他货物系统敷设保温绝热材料，以减少热量的传入和液货的蒸发。为将货物卸到岸上非低温贮罐中，还必须装设货物加热器和增压泵。

（2）一般特点

全冷式LPG船是LPG专用或为主的液化气船，但也可以装运氨、氯乙烯、丙烯、丁二烯等货品，货罐与其他货物系统都没有根本区别，它除了适装全冷冻的LPG外，也适装沸点高于–48℃的烃类液化气及化学气体类液化气，全冷式LPG船的设计最低温度一般为–48℃。大多数全冷式LPG船的载货容积大，一般为5 000~100 000 m³。

全冷式LPG船可采用四种不同的货物围护系统：带有双层船壳的独立液舱、带单层船壳但有双层底及顶边压载舱的独立液舱、带双层船壳的整体液舱和半薄膜液舱。最普遍采用的是带单层船壳但有双层底及顶边压载舱的A型独立液舱，采用该类型液舱，需要设置一个完整的次屏壁，但由于温度不低于–55℃，则可以用船壳的一部分作为次屏壁。这为全冷式船提供了有用的灵活性，因为船壳用特殊耐低温钢作材料，即可作为次屏壁，这比在每个液货舱周围配各一个特殊的围护装置要好得多。

全冷式LPG船一般有4~6个液化舱，这种类型的货物围护系统无边压载舱，船壳结构构成次屏壁层，所以货物区域的内底板、舷侧船壳和顶边舱通常是用能耐液货低温的特殊钢材（与液舱一样，为细晶粒热处理碳锰钢或低合金镍钢等）材料，以构成次屏壁。液货舱与船壳之间的处所，必须充填干燥的低露点的惰性气体，并维持一定的正压，以保证无空气和湿气。该处所内设有泄漏报警装置。

5.LNG船

（1）设计依据

LNG都是以常压全冷方式运输的，即在大气压下以–163℃左右低温贮存运输。其液货舱材料必须耐–163℃以下的低温。一般货舱材料是铝合金、铝、不锈钢、镍合金钢等。货舱设有保温层。由于LNG比LPG的储运温度低得多，所需的再液化设备技术和成本要大得多，因而目前现有的LNG专用船一般不设货物蒸气的再液化设备。但为了控制液货舱内的货物温度和压力在允许范围内，其方法是将超压的货物蒸气作为燃料通到机舱内，供船上推进系统或废热系统使用，也可通过蒸气排放系统排入大气。但是将LNG排入大气既不经济也不利于环境保护，所以一般只作为应急方法使用。

为了适装乙烯或LPG等其他货品,多用途的LNG船则需要装设再液化装置。但运输LNG时是采用双燃料系统机而不用再液化装置,只有在运输乙烯和LPG等货品时才使用再液化装置并停用双燃料系统。液货舱可以是A型独立液舱、B型独立液舱和薄膜液舱。

(2)一般特点

LNG船可分为LNG专用,LNG与LPG兼用,或除LNG之外LPG、乙烯、氨等多种用途船。LNG专用和LNG与LPG兼用船是比较大型的,而多用途的LNG船多是比较小型的(货舱总容量小于5 000 m³)。LNG船要求设置完整的边压载舱和双层底,对A型独立液舱和薄膜液舱均要设置完整的次屏壁结构以保护船壳结构。

第三节 液化气船液货舱及其货物维护系统

要点

> 液货舱是指壳板为液密,专门设计用来装载液体货物的主要容器,IGC规则把液货舱分成五种类型:独立液舱(A、B、C型)、薄膜液舱、半薄膜液舱、整体液舱、内部绝热液舱。其中独立液舱和薄膜液舱最重要,目前大多数液化气船的货舱均属于这两种类型中的一种。

必备知识

一、液货舱的种类及结构特点

1.独立液舱(A、B、C型)

这类液舱完全由自身支持,并不构成船体结构的一部分,也不分担船体强度,主要取决于设计压力的大小。它有三种不同类型:A型、B型和C型。

(1)A型独立液舱

其设计主要应用公认的船舶结构分析方法,它主要由平面结构组成,其最大的设计蒸气压力值不得超过0.07 MPa(表压)。这种货舱通常必须在大气压或接近大气压(通常低于0.025 MPa表压)下以全冷方式运输液货。液舱形状通常为棱柱形。载运货物温度低于-10 ℃的A型独立液舱,需设有次屏壁以保护船体免受低温损伤,如图4-3所示。

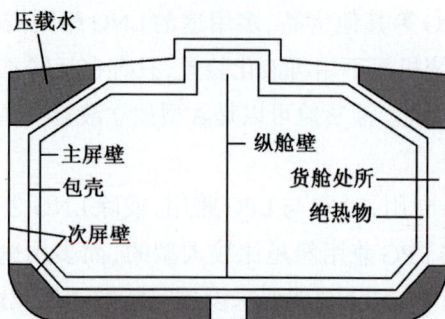

图4-3　A型独立液舱

（2）B型独立液舱

B型独立液舱既可以是平面形结构，也可以是压力容器结构。其设计是应用模型试验，与A型相比，B型能够进行更为精确的应力分析，包括疲劳寿命和裂纹扩展分析，所以这种舱的渗漏危险性是很小的。这种液舱允许只设置部分次屏壁，次屏壁通常由一个防滴盘和一个防溅屏壁组成。一个防护钢罩封住了甲板以上的主屏壁，主屏壁的外壁敷有绝热材料，如果这类液舱是平面形结构（重力液舱）则与A型的液舱一样，其蒸气设计压力不应超过0.07 MPa（表压）。常见的B型独立液舱是"球形"液舱，它几乎专门用于LNG船，由于"简化"了次屏壁，从而使造价得以降低，如图4-4所示。

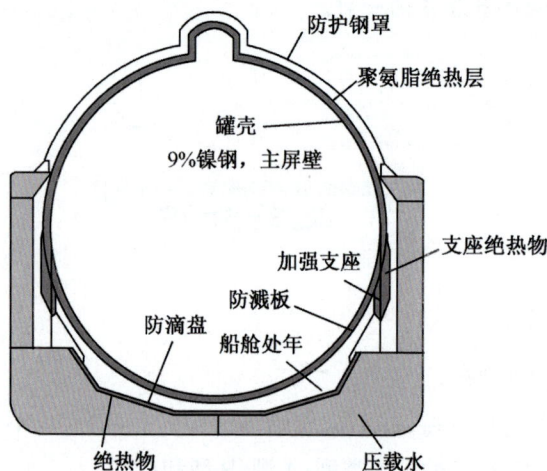

图4-4　B型独立球形液舱

（3）C型独立液舱

C型独立液舱是符合压力容器标准的压力式液舱，一般为圆筒形卧罐或球罐。这是因为它们有均匀的外形，几乎没有内部结构，避免了应力集中，所以能承受较高的内压力。它是按常规压力容器规则设计和建造,并须进行精确的应力分析。由于设计应力较低,因此无需设置次屏壁。它的设计蒸气压力大于0.2 MPa。一般用于全压式和半冷式液化气船,如果液舱材料可承受低温,它也可以用于全冷式的运输,如图4-5所示。

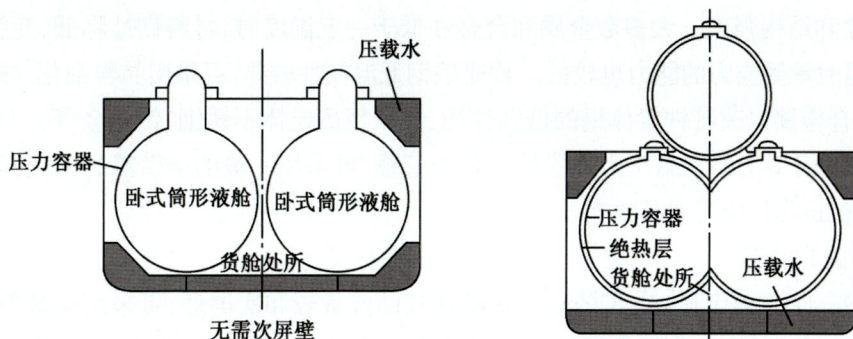

图4-5　C型独立液舱

2.薄膜液舱

薄膜液舱的主屏壁非常薄,所以叫薄膜。它可以是金属的,也可以是非金属的,厚度一般不超过10 mm。该液舱是非自身支持的液舱,薄膜作为货物围护系统的主屏壁,并不能独立承受货物重量,需通过绝热层由船体予以支持,由船体内部构件承受货物重量。薄膜液舱要求有一个完整的次屏壁,以保证当主屏壁泄漏时货物围护系统的整体完整性。薄膜设计成在热膨胀或其他膨胀或收缩时可得到补偿而不致使薄膜受到过大应力。薄膜液舱的设计蒸气压力通常不大于0.025 MPa,如果船体结构尺寸适当增加,并对支持的绝热层作适当考虑,蒸气压力可适当增加到某一较大值,但不得大于0.07 MPa。

3.半薄膜液舱

半薄膜液舱的概念是由薄膜液舱演化而来的,它介于A型独立液舱和薄膜液舱之间。它的主屏壁也是由一个薄层组成,但比薄膜系统厚得多,其各部分由相邻船体结构通过绝热层来支持。液舱在空载时是自持的,但在装载情况下是非自持的,作用在主屏壁上的液体和蒸气压力通过绝热层传给船体内壳结构。液舱具有转角,为圆弧形,以便吸收消化由于温度波动所引起的膨胀和收缩。半薄膜液舱的设计蒸气压力一般不超过0.025 MPa。如船体构件尺寸增加,并且对绝热层强度作了考虑,可以增加到某一较大值,但应小于0.07 MPa。

4.整体液舱

整体液舱构成船体结构的一部分,并且受到与船体结构相同方式、相同载荷的应力影响。它适装于温度不低于-10 ℃的货物,它的设计蒸气压力通常不超过0.025 MPa,如果船体构件适当增加,其蒸气设计压力可相应增加到某一较大值,但应小于0.07 MPa。

二、液货舱及货物系统的结构材料

1.全压式LPG船

选择与货物接触的材料,除了考虑材料必须与货品相容外,主要考虑的是材料在低温下的韧性温度和结构强度。大多数金属和合金在低于一定温度时,材料韧性降低,变脆变硬,同时在低温时承受应力的能力也较低。普通碳钢低温韧性较差,可采用晶粒细化,减少材料杂质,加入合金镍以改善铁素体钢的低温性质,或采用奥氏体不锈钢、铝合金等。对于设计工作温度不低于0℃的常温压力式货舱及货物管系,可采用一般的全镇静的碳锰钢。当壁厚度超过20 mm时,应为细晶粒钢。

2.全冷式LPG船

对于设计工作温度达-55℃的全冷式液化气的液货舱和次屏蔽,可采用全镇静铝处理细化晶粒碳锰钢,或在这种钢中掺入0.5%的镍来改善低温韧性。对于用来装载全冷乙烯或LNG货品的液化气船,由于它们的最小设计温度分别为-104℃和-163℃,液货舱及次屏壁的结构材料分别采用铝合金或特殊合金,如不同含量的镍合金钢或奥氏体不锈钢,并经不同的热处理。货物管系的损坏危险性要小于货舱损坏的危险,所以管路系统对低温脆性破坏的要求不是很重要。对工作温度为0℃~-165℃的货物管系,根据温度的不同分别采用碳锰钢或不同含量的镍钢,并经不同热处理。对于阀门、法兰、泵、压缩机和热交换器等则采用低合金钢和奥氏体不锈钢。

三、液货舱的试验与检验

1.液货舱的密性、水压试验

各类液货舱必须进行密性试验和下述的压力试验,其中密性试验可以与水压试验一起或单独进行。

(1)整体液舱

整体液舱应做水压或水压—气动试验。要求在舱顶测得的压力不能小于液货舱的压力释放阀的最大允许的调定值(MARVS)。

(2)薄膜液舱和半薄膜液舱

所有相邻接于支持薄膜的船体结构的压载处所和隔离处所,都应进行水压或水压—气动试验。试验要求如同船级社对油船的要求,即试验水压头高出压载舱顶25 m。

(3)内部绝热液舱

若独立液舱是支持结构,则按独立液舱要求进行水压或水压—气动试验,否则,按主管机关同意的方法进行其密性试验。

(4)独立A型液舱和独立B型液舱

应做水压试验或水压—气动试验,要求使液舱内的应力尽可能接近设计应力,并在液舱顶上测得的压力不小于液舱的MARVS。但对B型液舱,液舱壳上的主薄膜应力以及主要支持构件上的弯曲应力不超过材料屈服应力的90%。当进行水压—气动试验时,其试验条件应尽可能模拟液舱及其支持构件的实际载荷。

(5)独立C型液舱

C型独立液舱应做静水压力试验,试验时应使在液舱顶部测得的压力不小于液舱设计蒸气压力的1.5倍;试验时所采用的水温应至少比制成材料的零韧性转变温度高出30 ℃;每25 mm厚度,压力应保持2 h,任何情况下均不能少于2 h。只有在主管机关认可的条件下,才允许按上述静水压力试验条件进行水压—气动试验。

2.液货舱的无损伤试验

(1)A型独立液舱

如设计温度为–20 ℃或以下时,其液货舱壳板的所有全焊透对接焊缝应做100%的射线检查。如设计温度高于–20 ℃,则液舱结构焊缝交叉处的所有全焊透对接焊缝和其余全焊透焊缝至少应做10%的射线检查。

如主管机关认为有必要,则还应对这两液舱的其余结构包括加强材以及其他配件的连接件的焊缝,用着色法和磁粉探伤法按专门的程序进行表面裂纹检查。可用超声波探伤检查代替射线检查。

(2)B型独立液舱

方法与设计温度不高于–20 ℃的A型独立液舱相同。

(3)C型独立液舱

①射线检查:所有对接焊缝100%,其他焊缝10%。

②表面裂纹检查:开孔、开孔加强环周围所有焊缝100%、其他焊缝10%。

(4)整体液舱、薄膜液舱、内部绝热液舱

按主管机关认可的方法和标准进行。

第五章

液化气船的货物操作系统

第一节 液化气船的总体布置

要点

要保证液化气船货物操作的安全,必须熟悉了解液化气船货物操作系统。

必备知识

一、液化气船货物操作系统的组成

液化气船货物操作系统是指完成装卸货作业的设备和系统,依据船型的不同有所区别,全压式液化气船的液货舱大部分采用C型独立液舱,液相管由罐顶部气室深入舱底,在舱外与主液相管相连接。气相管从气室顶部连接出来与压缩机等整个气相管系相连接。

液货罐的上层设有喷洒管,该管通过带阀门的旁通小管与液相管连接作为装货前预冷货罐用,两舷装卸站横向总管上分别设气、液相装卸货通岸接口,以便使船可在任一舷靠泊进行装卸货操作。

在气、液相管路上设有截止阀、安全阀、止回阀、应急截止阀、压力表、温度计等附件。

液化气船货物操作系统由货物管路、阀门、货泵、货物压缩机、货物蒸发器、再液化系统、LNG蒸气处理系统、压力释放系统、应急截止系统、惰性气体系统和其他附属装置组成。

二、货物区域的布置

(1)所有液货舱的气室都凸出于露天甲板之上。

(2)货泵舱和货物压缩机舱都位于露天甲板上方,并处在货物区域内,穿戴安全设备的人员能安全无阻地出入,货物操作阀门也方便穿保护服的人员接近。货泵和压缩机如采用电动机驱动,则电动机和泵/压缩机之间是采用A-0级气密舱壁分隔开,以形成互相独立的舱室。电动机舱是采用正压式机械通风,泵/压缩机舱是采用负压式机械通风。

(3)货物管系都位于开敞甲板上方的货物区域内,且不通过气体安全处所,并与其他管系隔离。

(4)货舱处所、留空处所及认为有危险气体的其他处所和液货舱的布置都留有规定通道,以便允许穿保护服、佩戴呼吸器的人员进入检查这些处所,并在发生工伤事故时,能将昏迷人员从该处所内救出。

(5)船体的内层结构也设有相应通道以方便人员进入检查。

(6)起居处所前端壁有绝缘防火材料保护。货物区域设置有常规消防系统和高容量的水雾喷淋系统,以保护起居处所前壁、装卸总管区域、主要控制阀、甲板贮罐、液货舱的暴露部位和朝向货物区域的甲板室围壁。另外所有液化气船均配置有干粉灭火装置,以扑灭货物区域的局部火灾。

(7)经主管机关批准和满足IGC规则要求时,液化气船可安装船首和船尾装卸装置。

三、货物区域与其他区域的分隔

液化气船的货舱处所与机器处所、起居处所、控制站、锚链舱、饮用水舱、生活用水舱以及储物舱是分隔开的。上述分隔一般是采用隔离空舱、燃油舱或等效布置。

对未设有次屏壁的货物围护系统,也可用全焊接结构形成A-60级分隔的单层气密舱壁。如果相邻处所内没有着火源或火灾危险,则也可以采用气密的A-0级分隔。起居处所、服务处所或控制站都布置在货物区域以外,一般处于船尾。起居处所和机舱出入口应保持一定的距离。这些场所的构造(包括各种通道和开口),应防止货物气体的进入。

第二节　液货舱的结构、材料、类型、绝缘及相容性

要点

液货舱的结构、材料应能满足所装运的货品的要求。

必备知识

一、液货舱的绝热及绝缘材料

1.绝热层

如装载的货物低于环境温度,则液货舱和货物系统的其他部分必须配置绝热层。

绝热层的作用：

(1)减少外界热量传入液货舱内,从而减少液货蒸发。较厚的绝热层虽可减少热量传入而引起货品蒸发,并可以降低再液化设备的容量,但会增加成本和减少货舱的装货容积。绝热层的厚度要力求经济,并与再液化装置能力相称。

(2)保护液货舱周围船体结构与低温隔绝,防止低温液货泄漏时对船体构件造成低温脆裂伤害。

(3)防止形成湿气而导致液舱表面的腐蚀。

2.绝热材料

(1)绝热材料性能要求

液化气船上采用的绝热材料应具有下列特性：

①低的热传导率；

②不燃或能自熄；

③有承载能力；

④有耐机械损伤的特性；

⑤质量轻,价格合适；

⑥与货物化学相容。

(2)绝热材料类型

根据它们抵抗变形的能力,一般的绝热材料分成三类：

①坚硬或能承受负荷的材料:主要用于支撑液货舱并能承受变形,要求具有耐低温的性能。包括各种木材如阿佐比(Azobe)和巴尔沙(Balsa)硬木,以及一些比重大的塑料泡沫物质。

②不能承受负荷的软性物质:可以用粘胶等方法系固于液货舱壁或次屏壁上面。如矿物纤维、膨胀塑料、泡沫橡皮等。

③粉状材料:如珍珠岩,它是以火山岩为原材料的制品,加工后呈泡沫状,珍珠岩的一个好处是它很容易被充填入液舱与次屏壁层的空间,当维修检验时又很容易抽吸出来并在重装之前进行干燥。

(3)绝热材料的设置与安装

绝热层的设置随船型的不同而不同。对于内部绝热式液舱,绝热层装设于液货舱的内表面,与液货直接接触,构成液货的主屏壁。绝热层既用来盛装液货,又作为液货和船体间的隔热材料。对于其他液货舱,绝缘材料一般直接敷设在液货舱的外表面,也可以装设在次屏壁上。对于独立式液货舱,还可以敷设在船壳的里面和内底部的上面。经验表明,绝热材料直接敷设在液货舱表面较好,因为压载舱发生的泄漏要多于液货舱货物泄漏,水一旦浸泡绝热层,会影响绝热性能,甚至结冰引起绝热层破裂。

为了防止货舱泄漏的液货蒸发出去和不让外界的水汽渗透入保温层内,对绝热层直接设置在货舱表面者,还需要设有外部加强和包覆材料。可选用以下办法进行：

①用玻璃纤维聚酯加强；

②用一层或多层沥青乳胶，并用一层或多层玻璃纤维树脂加强；
③几层薄铝箔直接粘胶于绝热层外，与聚氨酯块同时使用。

第三节 液化气船货物操作的主要设备

要点

　　液化气船货物操作系统由货物管路、阀门、货泵、货物压缩机、货物蒸发器、再液化系统、LNG蒸气处理系统、压力释放系统、应急截止系统、惰性气体系统和其他附属装置组成。

必备知识

一、货物管系和阀门

1.货物管路

　　液化气船通常在船中部设有横跨左右舷的液相和气相装卸总管。总管与通到液货舱的液相管和气相管相连接。液相管从气室引至每个液货舱的底部，气相管从每个液货舱顶部气室引出。每一个液货舱一般设有一根液相装货管，一根液相卸货管、一根气相管和一根压力释放阀泄压排气管。部分液货舱(见图5-1)还设有液货喷淋管、净化管、扫舱管等。

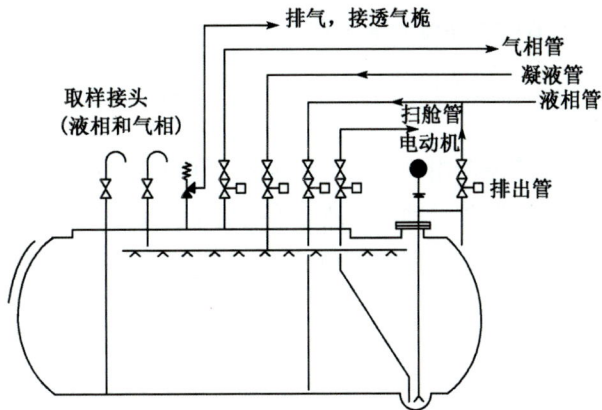

图5-1　半冷式液货舱气室管系布置图

2.阀门

阀门是流体输送系统中的控制部件,具有截断、调节、导流、防止逆流、稳压、分流或溢流泄压等功能。

管路的连通和截止都是依靠阀门来控制的。管系中的阀门应按需配各并满足相应的液化气船规则的要求。对于压力释放阀最大调定值大于0.07 MPa(表压)的压力式液货舱,所有液相和气相管与液货舱连接处,以及船岸连接装卸总管处,都装设两道阀门,一个为手动阀门,另一个为与之串联的遥控阀门。对于压力释放阀最大调定值小于0.07 Mpa的非压力式液货舱,则可只装一个可就地人工操作又可遥控操作的遥控阀门。

液化气船货物管路上的阀门一般是截止阀、球阀、旋塞阀、闸阀或蝶阀等,这些阀门有些是手动的,也有些是用气压或液压驱动的,有些可以现场操作,也有些可以现场操作或遥控操作。另外,还有一些特殊用途的阀门,如单向阀(止回阀)、压力释放阀、应急切断阀等。LNG船和乙烯船货物管路上的球阀还应有特殊结构以释放阀门内部压力。液化气船上所有阀门都应是耐火的。

二、液货泵

液化气船一般都设有货泵供卸货用。只有少数小型的压力式船不设货泵,而是利用货物压缩机对液货舱加压卸货。

如果液货舱在营运期间不可能修理货泵时,则必须要有其他的替代卸货措施,否则每个货舱要配两台货泵:由于压力式货舱可用货物压缩机加压卸货,故可以每个液舱只设一个货泵。但对于常压全冷式货舱,由于无法承压,所以必须在每个货舱内设两台货泵。

液化气船上的货泵都是离心泵类型的,包括深井泵、潜水泵和设在甲板上的泵等。它们都可以作为主卸货泵,但是由于设在甲板上的离心泵必须要加压引液,所以一般非压力式货舱是以深井泵或潜水泵作主卸货泵,甲板上的泵只能作增压泵使用。大多数全压式船和半压式船也是采用深井泵或潜水泵作主卸货泵,只有少数是用单独设置在甲板上的离心泵作为卸货泵的。除此之外,有些船还设有加压泵。

1.深井泵

(1)深井泵的结构

深井泵是液化气船最普遍使用的货泵。泵体设于液舱内的底部,驱动机械(一般为防爆电动机)设置于液舱外的顶部,传动轴由排液竖管内的中间轴承支撑。中间轴承是利用通过排液管的液货来冷却和润滑的。电动机联轴节、推力轴承和机械密封的精确安装及对中是很重要的,如图5-2所示。

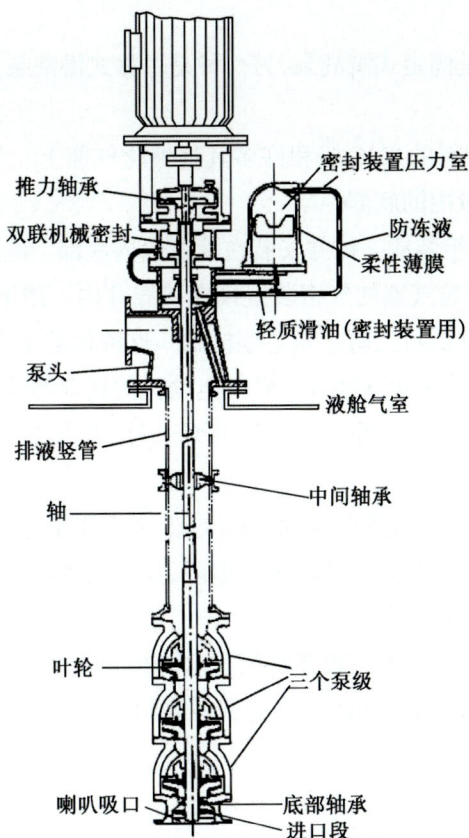

图5-2　深井泵结构

（2）深井泵的工作原理

深井泵属于离心泵,其工作原理及正常运转所需要的条件均与前面介绍的离心泵相同。由于泵体是浸入在液货舱的底部,所以起动前不需引液,并且不必要利用货物压缩机加压维持货泵进口处所必需的最小正吸入压头。但为了减少电动机的起动功率和压力冲击,仍然采用封闭起动或半封闭起动,并在作业期间根据情况调节出口阀开度以控制货泵在较佳工况中运行。当货舱内压力或液位较低时,应注意随时调节泵的出口阀的开启程度,以免因吸入压力太低而引起气蚀。当货泵内液货汽化或吸入气体时,出口压力会波动厉害,如无法通过调节出口阀来降低货泵所要求的最小正吸入压头时,则必须停泵。因为货泵的中间轴承是依靠卸出的液货来冷却润滑的。严禁货泵空转。有些泵的轴封装置是依靠卸出的液货回流一部分液体来冷却和润滑的,所以在起动泵之前必须把回流管上的有关阀门打开。

如货品中含有水分,为防止积聚在轴承、轴套及叶轮等处的水分冻结或形成水合物,在起动泵之前应注入防冻剂,否则冻结可能会使泵咬住并烧毁马达。止推轴承由于需要支撑很重的重量,当不运转、又受到船舶振动的影响时,支撑面容易出现压痕,所以当货泵长时间不用时,应经常盘车以变动轴承承压面。

2.潜液泵

潜液泵分两种,一种是固定式潜液泵,另一种是可移式潜液泵。

(1)固定式潜液泵

固定式潜液泵用于所有的LNG船和许多其他液化气船上。它是由电动机及离心式泵组成,整体地安置于液货舱内的底部。

泵和电动机垂直紧密组装成一体并安装在液货舱内底部。电源由铜或不锈钢铠装的电缆供给。这些电缆穿过液舱气室的气密装置接在接线盒内。用于装卸氨的潜水泵,其电缆及电动机要用不锈钢包覆或罩住,防止氨与铜接触。这种包覆是非常薄的,要非常小心避免损坏,例如不要扭转电缆,要避免气蚀等。泵及电动机的运动部件是由卸出的液货冷却和润滑的,所以严格禁止货泵空转。潜水泵与深井泵一样,均需装设有低液位自动报警停泵装置。

固定式潜液泵的操作和工况调节与深井泵类似,但由于电缆和电动机均浸于液货中,在货泵起动前,必须先测量电动机和电缆的绝缘电阻,只有当绝缘电阻符合使用说明书的要求时,才可起动电动机,否则可能损坏电动机。

固定式潜液泵的电动机轴承一般都是依靠从卸出总管处回流部分液货来冷却和润滑的。在起动泵之前一定要先打开回流管上的有关阀门。如果回流量少,有些泵有自动报警停泵装置。

(2)可移式潜液泵

可移式潜液泵一般用作应急卸货泵。这种泵与固定的潜液泵在工作原理上是一样的。但这种泵是被装在一个套管内,套管既是货泵的依托,又是货泵的排液管。在套管内货泵的底部设有一个阀门,如货泵损坏或需修理时,即使液舱内还有液货,也可将货泵稍微提起,然后关闭这个阀门,再对套管内进行惰化置换后,就可慢慢地将泵移出舱外。需将泵装回去时,关闭腔室阀,用惰气冲洗置换腔室后,将泵装入套管内,然后慢慢装回液舱内的适当位置。

这种泵的操作方法和注意事项与固定式潜液泵是相同的。

3.其他特殊用途的泵

除了上面介绍的三种主卸货泵外,还有一些其他用途的泵。

(1)加压泵

加压泵装设于甲板上或甲板泵房/压缩机房里面,它与货舱内的卸货泵串联运转,比较常见于冷冻式液化气船上。当液货从冷冻船卸到常温压力容器时,液货要升温,从液舱卸货泵来的冷冻液货,经加压泵升压后,流过液货加热器升温,然后再卸到岸上常温压力容器或压力式液化气船中。液化气船加压泵一般是离心泵,包括竖式加压泵和卧式加压泵两种。

(2)加热器供给泵、甲板贮罐供给泵这类泵通常也是由马达驱动的卧式加压泵

(3)货舱或屏壁间处所的泵

这种泵用排走从液舱泄漏出的液货，或排走来自液货舱、压载水舱并积聚在货舱或屏壁间处所的水。这种泵可能是潜水泵，也可能是按文丘里原理工作的喷射泵，这种喷射泵无活动部件，不需太多的维护。

三、货物压缩机

液化气船上必须设置货物压缩机或抽气机，它们的用途取决于船的类型。对于 LNG 船，离心式压缩机被用于把货舱货物蒸气输送到机舱和将蒸气增压输送到岸上。在乙烯船和 LPG 船上，压缩机用于升高货物系统的蒸气压力，以便船岸之间供应货物蒸气，平衡船岸压力和进行气体清除、净化作业；并且为安装在甲板上的液泵引液。货物压缩机还是再液化设备的关键设备，用于增加货物蒸气冷凝前的温度和压力。对压力式货舱，当货泵坏了，还可用压缩机加压卸货。同时，液化气船装卸作业完毕后，在拆卸货物软管前，也必须用货物压缩机对液相管进行扫线作业。

它们的动力有液压或电气马达或蒸汽轮机，较常见的是电动机驱动的，压缩机及其电动机往往分别设置于毗连的甲板室内，电动机与压缩机之间的传动轴贯穿舱壁并安装有高效润滑油的密封装置，防止压缩机舱内的可燃气体进入电动机舱。

四、货物蒸发器和货物加热器

1.货物蒸发器

货物蒸发器是利用水蒸气加热使液货蒸发变成气体的装置，它的主要作用是维持液货舱必需的正压。在进行卸载作业时码头有时不提供返回蒸气，液货舱压力会不足或者虽然岸上提供返回蒸气，但由于蒸气量很小时也会出现压力不足。为保证卸货泵必需的吸入压头，防止舱内真空度过大雨使外压差破坏舱壁，需要用蒸发器产气平衡压力。货物蒸发器的设置还方便了船舶航行中进行净化作业，可缩短装货准备时间。

货物蒸发器的工作过程如下：需蒸发的液货缓慢进入筒底储液器，灌注的液货在管内形成一定的液位，该液位由货物蒸气压力传感器控制。此时水蒸汽已经供应且保持在 0.4 MPa 压力，受热后的液货在管内蒸发，蒸气沿管内上升进入筒顶的货物蒸气空间，而管外加热用水蒸气放热后冷凝成水经上泄放管排出。

2.货物加热器

全冷式 LPG 船所载运的是低温常压状态下的液货。当货物需卸至环境温度下的岸上储存罐或半压/半冷式的岸上储存罐以及转驳到全压式、半压式 LPG 船时，则船上必须配备能将低温液货加热升温的货物加热器。

第四节 货物操作的辅助系统

液化气船货物操作的辅助系统包括液货舱透气系统、再液化装置、惰气系统等。

必备知识

一、压力释放系统

压力释放系统一般是由压力释放阀、透气桅及将其两者连接的排气管组成。有些系统可能包括管线上的安全膜片和集液蒸发罐。所有液化气船的液货舱均按要求设有压力释放系统；凡可能承受超过其设计压力的货舱处所、屏壁间处所都有适当的压力释放阀系统；所有充满液体时可以被隔断的管路和设备均应设置压力释放阀。这些阀所排放出的液体一般是回流回液货舱内，也有些是排入系统的集液蒸发罐内，汽化后，再经透气桅排入大气。另外，诸如货物压缩机、货泵、冷凝器、蒸发器、加热器等货物设备上的压力释放阀装置所排放的货物气体，也都是利用透气系统予以排放的。

二、再液化装置

1.液化气的再液化原理

再液化是对冷压式或全冷式液化气体船中的蒸发气体进行处理，减少蒸发的气体积聚，将蒸发气体再次液化回流进液货舱。

2.再液化装置的组成

简单的再液化循环由以下主要设备完成：

(1)液货舱：在直接式再液化系统中液货舱就相当于蒸发器，液货在其中蒸发气化。

(2)机械压缩机：液货舱中液货蒸发气化产生的蒸气压力为P_1这些货物蒸气被压缩机从货舱内抽吸过来并进行压缩，货物蒸气压力提高到P_2，在压力P_2下送入货物冷凝器。

(3)冷凝器：经压缩机压缩升压后的蒸气在冷凝器中降温液化。

（4）膨胀阀：当凝液从冷凝器回流到液货舱时，膨胀阀将凝液的压力从 P_2 降到 P_1。

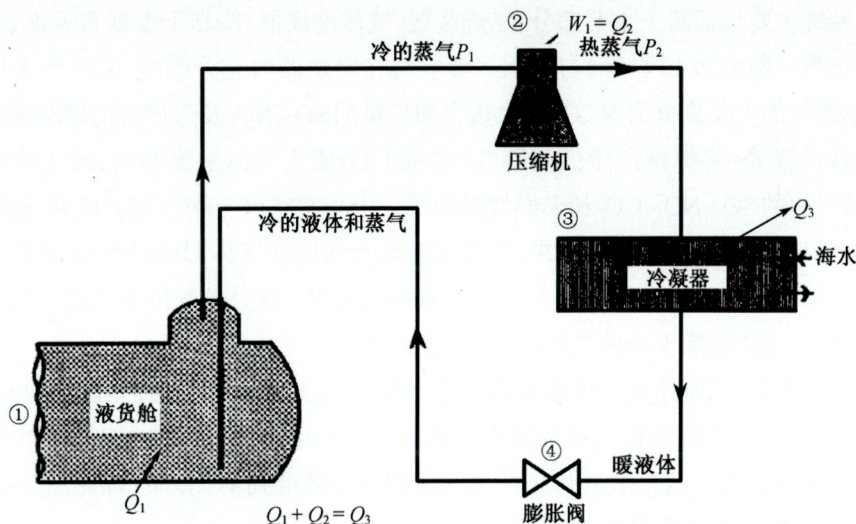

图5-3　表示半冷半压式液化气船的货物蒸气一个简单的再液化循环

3.再液化装置的作用

（1）装货前，冷却液货舱及有关管路；

（2）装货时，将引起超压的货物蒸气再液化并回输到液货舱；

（3）航行中，把货物温度和压力保持或降低在货物围护系统的设计限度内。

三、惰气系统

1.液化气船上惰性气体的作用

液化气船的惰性气体的作用主要有：

（1）惰化载运易燃货品的液货舱周围空间处所和屏壁间处所。

（2）用惰性气体充填液货舱绝热保温层并维持适当的正压。由于惰性气体是干燥低露点的，可防止隔热材料结露，保证保温绝热材料的性能，保护货舱免受腐蚀。

（3）装货前惰化含有空气的液货舱和货物系统，防止可燃货品与空气形成爆炸性混合气体或丁二烯和氯乙烯等不稳定货品与空气反应生成聚合物和过氧化物。

（4）修船前置换货舱或货物系统中的货物蒸气，保证船舶和人员安全。

（5）更换货品时，用惰性气体作中间媒介净化货舱和货物系统，避免不相容货品接触起危险反应。

（6）载运某些会发生聚合反应但又无适合抑制剂的货物时，必须用惰性气体作为气垫覆盖载运。如环氧乙烷必须用惰性气体来填充气相空间以抑制气相蒸气的燃烧和抑制液体表面的沸腾。

2.惰性气体的组成

惰性系统主要包括四个主要部分:燃烧装置、气体洗涤器、冷却干燥器和吸收干燥器。

①燃烧器:燃油(或LPG等)与适当过量空气在燃烧器内充分燃烧,并产生大量的热烟气,这些热燃气的主要成分为N_2、CO_2、水蒸气和少量的SO_2、NO_x及未燃烧的燃料颗粒。

②气体洗涤器:将燃烧产生的热烟气(约800 ℃)通入气体洗涤器内,因水喷淋洗涤冷却,除去烟气中的SO_2、NO_x、CO_2和未燃烧颗粒等。由于雾状水与烟气充分接触,最终获得最大的冷却、脱硫、脱CO_2和除尘等效果,成为带有水分的惰性气体,其温度仅比水温度高5 ℃左右。经洗涤器顶部的除雾器除去夹带在气体中的水滴。这时的气体主要成分为氮气和水蒸气,还有少量无法清除干净的二氧化碳等成分。

③冷却干燥器:通常是用R22冷却剂冷却干燥。由洗涤器出来气体是热饱和惰性气体,必须干燥除去水气,降低惰性气体的露点。该装置是利用冷却降温的办法使惰性气体中的水气凝结成水除去的。这个装置可把惰性气体的温度降低到4 ℃以下(即露点为4 ℃)。温度越低,惰性气体的含水量就越少。

④吸收干燥器:由两个充满氧化铝的瓶组成。一个瓶在干燥气体的同时,另一个瓶内的氧化铝在作业饱和后进行还原再生,这个循环时间通常需6 h左右。从冷却干燥器出来的气体到吸收干燥器中除湿干燥,便可获得干燥的惰性气体,其大气压下的露点可降低至-40 ℃或更低。

四、应急截止(ESD)系统

应急截止系统一般是由动力控制动力源(液压、气压或电动等)、应急截止阀、连接前两者的有关管路、易熔金属塞、就地及远距离遥控关闭设备等组成。应急截止系统的作用是在装卸货过程中,当管道阀破裂、误操作、发生火灾事故、液货舱超装事故及其他意外必须紧急停止作业时,可利用应急切断系统在远距离或就地紧急切断货物管路。

在每次装卸货作业前都应对应急切断装置进行试验和检查,对应急截止阀应作关闭动作试验并记录关闭速度。系统各装置应按规则要求进行定期检查。

第五节 货物操作的检查及监控报警装置

要点

由于货物操作和安全管理需要,液化气船的货物检测和监控项目很多,对这些内容一般都设有现场检测显示仪表,并有相应项目的安全监控报警装置和远距离集中显示监视装置。

必备知识

一、液化气船的货物监控、测量项目

由于货物操作和安全管理需要,液化气船的货物检测和监控项目很多,包括液位、温度、压力、各类气体浓度(货物气体和氧气)、货物参数和安全参数等内容。对这些内容一般都设有现场检测显示仪表,并有相应项目的安全监控报警装置和远距离集中显示监视装置。

二、液位测量设备及监控报警装置

1.液位计的类型

IGC规则规定,每个液货舱内至少应设置一套液位测量装置。由于液货舱是密闭型的,不可能开舱测量液位,因此如仅设一套液位计,则其设计应能保证在液货舱营运状态下仍能进行检修。液化气船所用的液位测量装置分成以下四种类型。

(1)间接式

管道流量计或地磅称重等。主要用于岸上贮库,船上很少采用。

(2)贯通舱密闭式

这类液位测量装置要穿入液货舱内并直接与液货接触。但测量系统是封闭的,测量过程不会释放货物液体或蒸气。这类液位测量装置有浮子式、气泡式、磁性探头和电容式液位计等。

(3)非贯通舱密闭式

这类液位测量装置不必穿入舱内与液货接触,在测量过程中也不会释放货物液体或蒸

气。这类液位测量装置包括超声波式和放射性同位素式液位计。

（4）限制式

这类液位计需穿入液货舱内，要与货物液体接触，并且在使用时会放出少量的货物蒸气或气体。例如固定管式和滑动式液位计。这种装置不用时可以完全关闭，并且装置中货物流通的最大开口直径不超过 1.5 mm（除非有溢流阀）以免使用时发生危险性的货物溢出。

另外，对于甲板上的液货舱，可装设类似安装在高压锅炉上并装有超流量阀的增强型玻璃液位计。对于设计蒸气压力不超过 0.07 MPa 的非压力式货舱，可用内部标尺及液位上方的观测孔作为测量液位的辅助手段。

一般常见的液化气船，基本上都是采用密闭式（贯通或非贯通舱）和限制式液位计，可以设置一种或两种。如果载运的货物是有毒的或危险性大的货物，则不允许装设限制式液位计。

2.浮子式液位计

浮子式液位计广泛采用于各类液货船上，它是由浮子、浮子导管和测量读数装置组成，可在现场或远处读数。图5-4所示为一般浮子式液位计，浮子通常装在圆形竖管中或装在引导钢索上，配有闸阀作隔离用，以便浮子能在安全环境下操作。不用时浮子须吊离液面；如不吊起，液面晃动会把卷尺收紧使装置损坏。

浮子式液位计工作时，浮子随着液位高低只能沿着竖管上下移动。浮子由按照一定间隔开有洞孔的不锈钢带吊挂着，浮子的升降带动与钢带上洞孔啮合回转的链轮，液位变动量转换成链轮的旋转角度，便可通过齿轮结构把液位表示在长短两指针上，把液面的变差转换成指针在标尺盘上的转动，从而把液位高度通过指针直接指示在仪表盘上。

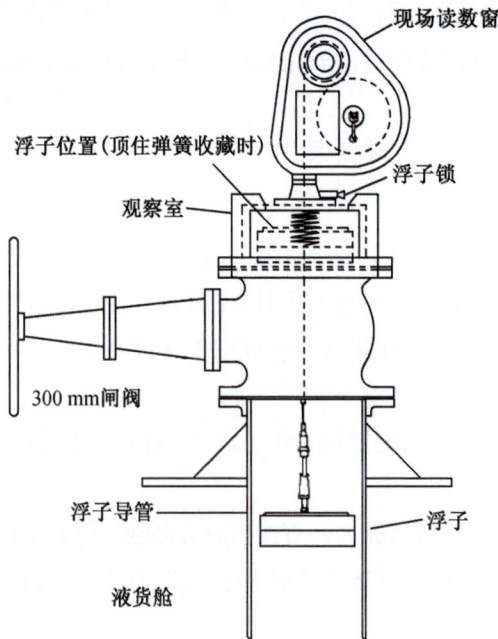

图5-4　浮子式液位计

在航行过程中,为了防止罐内液面摇荡损伤钢带尺及其他计量部件,必须将浮球卷起并固定。在需测量时再将浮子放回液面并使其正常动作。若液面波动剧烈,应尽量缩短测量时间。钢带如因扭曲需调换时,应用挂钩钩住浮子,并记下液位指示针的读数,然后更换钢带。更换以后如指示针读数有变动,就需将钢带从链轮上取下,然后用手转动链轮,以使读数与原来一致。如读数变动不大,也可在与测量值相比较后,作为固定误差。

三、压力监测设备和压力报警系统

为了便于操作和保证安全,要求对整个货物系统进行压力监测,并对有关部位和设备装设压力报警和超压自动关闭等装置,以保护人员和设备的安全。特别是对以下地方必须装设压力表以进行压力监测:液货舱的蒸气空间、货泵排出管路、液相和气相通岸总管、总管出口阀靠通岸软管一侧和未设与大气相通的货舱处所和屏壁间处所等。

1.压力检测仪表

压力检测仪表种类很多,包括液柱式、弹性元件式、活塞式和电量式等。在液化气船上常用的是弹性元件式压力表,还有个别场合用液柱式监测装置。以下分别予以介绍。

（1）弹性元件式压力表

这类仪表是利用弹性金属元件的弹力与被测压力相平衡的原理,根据弹性金属元件的变形程度来测定被测的压力值。这种弹性金属元件的变形会驱动仪表的指针,从而使压力就地指示出来。如果利用弹性元件的变形去改变一个电阻或控制一个气体压力阀,就可以实现压力远距离显示。

液货舱、压力容器和其他空间处所上所安装的压力表应用红线标明最大和最小的许用压力。对于过大的压力波动或震动可能会损坏弹性元件并影响读数,所以对货泵、压缩机等设备上所采用的压力表可采用限流器或将其连接管做成蛇盘状。

压力表应定期检验。在使用中如发现压力表指示失灵、不准或泄压后指针不回零,均应更换压力表。压力表的结构材料应与货物相容,如含有紫铜或黄铜材料的压力表就不能用于装运氨的货物系统中。

（2）液柱式压力测量装置

液柱式压力测量装置的主要部分是一个U形管,管内部分充注有专门的工作液体。当U形管两端均与大气相通时,其两侧的液位处于同一水平位置。而当要测量的压力被接到U形管的一侧时,工作液体被压力推动,U形管两侧液柱就有不同的高度,两者的高度差就直接反映了所测压力的大小。压力数值用液柱高度表示,并可将液柱高度与液体密度乘积换算成常用的压力单位。管子的另一端并不一定要与大气相通,也可接到该系统内的其他点上以测量压力差。

任何液体只要与货物和U形管相容均可用作U形管内的工作液体。使用前必须调零,为准确调零,一般都设有滑动标尺。同时为了防止过大的压力冲击,可在管的底部装设限流器。如果工作液体与货物的蒸气不相容,如水银工作液和氨货物,则必须更换工作液或使用惰性垫(如硅铜液),以使两者分隔开。

2.压力报警和远距离显示

液货舱等重要设备系统中的压力需要在驾驶台及货物控制室处显示,并设有高压报警装置。如要求真空保护时还要设有低压报警装置。有些液货舱的压力释放阀有不同压力调定值,则对应每一个压力调定值都配备有高压报警。如一般全压式LPG船,其高压报警一般为1.8 MPa(表压)左右,低压报警为-0.05 MPa(表压)。对全冷式LPG液货舱,其高压报警一般为0.03 MPa(表压)左右,低压报警一般为-0.025 MPa(表压)左右。

为实现压力远距离显示,在货舱或其他检测压力处装设压力传送器,将被检测地点的压力信号送到驾驶室或货物集控室。为避免将货物气体引入"气体安全区"利用空气或惰性氮气等作中介传递压力信号。这些中介气体必须清洁、干燥、无油。这些空气(氮气)传送式压力表与限位开关(压力开关)连动,从而发出高低压报警。有关的压力开关动作后,还自动切断造成压力异常的卸货泵、货物压缩机或再液化装置等,如货舱内压力过低,还促使真空释放保护系统动作。

四、温度检测设备和温度报警装置

IGC规则要求每个液货舱至少有两个温度计以检测货物温度,一个在液货舱底部,一个在液货舱顶部附近的最高允许液位下面。温度计中标示有液舱允许的最低温度。除了货物外,对货物系统周围结构的温度也必须检测,因为货舱及月围结构材料是有最低温度限制的。所以对装载货物温度低于-55 ℃的货舱,应在货舱绝热层中和靠近货物围护系统的船体构件上设置温度检测装置。当低温液货泄漏或绝热保温层损坏导致船体钢材温度过低时,能迅速被检测到,以便及早采取相应措施。对载货温度低于-55 ℃的液货舱还须在液货舱内配置多个温度检测装置,以便在货舱冷却或回暖时准确监测操作过程的温度变化,以保证不出现过大的温度梯度而产生不良热应力。

1.温度检测装置的类型及工作原理

常见的液化气温度检测装置有以下5种,其中压力式温度计和液柱膨胀式温度计在船上应用较广。

(1)压力式温度计

压力式温度计的作用原理是利用密闭的测温系统内易蒸发液体的饱和蒸气压(或氮气压力)和温度之间的比例变化关系测量温度的。

对于远距离显示,可以利用弹性金属元件变形去改变一个电阻或控制一个气体压力阀,从而实现温度的远距离显示、监控和报警。

(2)液柱膨胀式温度计

这类温度计工作液体装在一个口径非常细的管子或毛细管中,检测温度时工作液体根据所测物质传给的温度而膨胀或收缩,工作液体的液柱高度即反应了所测温度值。这种温度计所用的工作液体一般是水银、乙醇或二甲苯等物质。使用液柱温度计时,液柱必须是连续无气泡,否则读数不准确。

(3)双金属温度计

把膨胀系数不同的两种金属带焊在一起。在受热时因为膨胀不同而弯曲。利用这种变形去驱动表盘指针,从而显示出温度数值。

(4)热电偶式温度检测装置

向两种不同类金属的接头处加热,会产生一个非常小的电压。电压大小与接头处的温度有一定比例关系。通过用电子仪器测量接头处的电压值而得出温度值,这种温度测量装置适合于远距离显示。

(5)电阻式温度检测装置

某些材料的电阻值随温度的改变而明显变化,如比较细的铂丝元件等。利用这个性质,通过电子仪器测量感温元件的电阻值可得出温度。这种类型的温度测量装置通常用于远距离显示。

2.温度检测装置的使用注意事项

对于接触式温度检测装置,只有当感温元件与被测货物达到热平衡时反映的温度才是准确的,而热量传递需要一定时间,这一性质决定仪表测温上的滞后反应,但最终的数值是准确可靠的。

由于接触式测温装置的感温元件是与被测物质直接接触的,所以测温元件应装设在与被测液货接触良好的物质中,并尽量避免热辐射或其他热影响,力求反映出真实温度。如对温度计有怀疑时,应把感温元件拉出来,与标准的温度计一起放在温水中或太阳下同时检测,检查一下两者的温度数值是否相同。

3.温度报警装置

当货物温度低于液货舱允许的最低温度和高于规定的温度时,用温度报警装置发出低温警报和高温警报。

对于设在绝热层内或货物围护系统周围的船体构件上的温度检测装置,在检测到异常低温时也会发出低温警报。

五、气体检测设备

在下列情况时,必须检测相应封闭处所内的可燃气体、毒性气体和氧气的含量,以确保船舶和人员的安全。

(1)船员进入封闭处所、液货舱等;

(2)货物系统除气/净化、置换作业;

(3)船舶货舱换装货种;

(4)船舶进坞或进厂修理;

(5)船舶液舱、货物系统、气体危险处所内的热工作业。

气体检测设备有可燃气体测量仪、测氧仪和测毒仪等装置。

六、固定式货物气体监测设备

由于大部分液化气是易燃的、或有毒的、或易燃兼有毒的,货物气体泄漏会造成爆炸、火灾,对人体造成伤害,同时低温液货的泄漏也会危及船体结构的安全,所以液化气船上必须装设固定式货物气体监测报警系统,持续监测货物区域和其他气体危险区域的货物气体情况,发现泄漏发出警报,及早采取相应安全措施。

1.固定式货物气体监测报警系统的组成和布置

固定式货物气体监测报警系统是由气体检测设备、声光报警器、固定取样头和取样管路组气体检测设备安装在驾驶室、或货物控制室或其他合适位置。声光报警器安装在驾驶室、货物控制室和气体检测装置读数位置。气体检测系统的固定取样头应根据货物的蒸气密度及舱室处所扫气或通风可能造成稀释等具体情况,安装在以下各处所的恰当位置:

(1)货泵舱;

(2)货物压缩机舱;

(3)货物装卸机械用的电动机舱;

(4)属非安全处所的货物控制室;

(5)货物区域内可能积聚货物蒸气的其他围蔽处所,包括货舱周围处所和屏壁间处所;

(6)LNG船上通往机舱的气体燃料供应管的通风系统(通风罩和气体导管);

(7)空气闸。

安装在上述位置的各个固定取样头,通过固定的气体取样管与气体检测装置相连接。气体检测装置内的真空泵不断运转,把检测处所的气体通过气体取样管抽回装置中进行检测分析。检测装置内一般有一个定时开关,按预定程序在固定时间间隔内呼叫和控制每一取样点。

2.气体检测报警要求

固定式气体检测装置要求能在不超过30 min时间间隔内依次从上述每个取样点取样和分析。但对于LNG的货物蒸气燃料系统的通风装置要求连续取样检测。对于易燃货品,当蒸气浓度达到爆炸极限的下限的30%时,必须发出声光警报,气体检测装置所检测的气体浓度范围一般是0~100%的LEL。但对于是非独立液货舱的货舱处所和屏壁间处所,其气体检测装置应能测出0~100%的气体浓度。

对于有毒货品或有毒易燃货品,除了氯、溴甲烷和二氧化硫外,可以用便携式气体检测装置取代固定式气体检测装置用作毒性气体的检测。但对于货舱处所和屏壁间处所,还必须装设固定的气体取样管,以便用可携式气体检测装置对这些处所进行取样和检测。如果人员需进入前面所规定必须安装气体取样头的气体危险地方时,在进入前和人员停留期间,应每隔30 min检测一次。毒性气体检测装置在毒性气体浓度达到TLV值时报警。

3.气体检测装置的配置、试验校准和其他要求

除了固定式气体检测报警系统外,每条船上还应配备至少两套经主管机关认可并适合于所载货品的可携式气体检测设备。同时应配备一台测量惰性气体中含氧量的氧气检测仪。

船上的气体检测装置应定期进行试验和校准,因此船上配备有适当的设备和试验校准用的标准气体。营运期间固定式气体检测系统应保持有效运转,不得关闭。在每次装卸货作业前以及安全检查前必须试验装置的有效性。

第六节 货物操作的附属装置

要点

液化气船货物操作的附属装置包括甲板贮罐、货物软管、取样装置等。

必备知识

一、甲板贮罐

这是设在甲板上的小型常温全压式贮罐,用以贮存一定量的液体货品。目的是让船舶在水上期间就可以对液货舱进行净化置换作业和预冷降温作业,提前做好装货准备,缩短靠泊码头时间。

当需装载某种货品时,就从甲板贮罐中取出该种液货,使之在蒸发器中蒸发气化,然后将产生的货物蒸气送入液货舱内置换货舱内的惰性气体或上航次的货物蒸气。净化作业合格后利用甲板贮罐内的液货和再液化装置对液货舱进行预冷作业。

甲板贮罐的数量、容量和装载货品的种类视具体船舶及所载货品的要求而定。

二、货物软管

船岸之间的货物管线是通过货物软管或装卸硬臂连接的。这些船岸连接设备基本上是

由液化气码头装设的。但为了水上过驳和其他原因,部分液化气船是自身携带货物软管的。

用于液化气输送的软管有两种:一种是合成软管,是多层聚合纤维或氯丁橡胶合成结构;另一种是挠性金属软管,即有不锈钢编带加强的不锈钢波纹软管。

用于货物输送的液相和气相软管,应与货物相容并与货物温度相适应。由于软管的连接使船岸之间管系形成了电流通路,在装卸接头时,可能会产生电弧或电火花,所以要在岸上接头处连接一绝缘法兰,或把软管一段做成绝缘。这种绝缘构件要保持表面干净,不能涂油漆,并定期用电阻表测绝缘值。

软管应定期检查和试验。一般建议每6个月或输送了1 000 h之后(以先达到者为准)试验软管一次,内容包括:

(1)肉眼检查管子内外情况。

(2)水压试验:压力为1.5倍最大工作压力,稳压15 min。

(3)通电试验:以检查软管的电阻值,通电的软管,电阻值应小于15 Ω/m,对于不通电软管,电阻值至少为25 000 Ω。

三、取样装置

为了验证货品的质量,确定货品的有关组成、比重、分子量等货物参数,往往需对货物取样分析;在进行货舱气体置换、惰化作业时,也需抽取气样以检验有关位置的气体浓度。为此,液化气船上要设置取样装置。

货物取样装置一般安装在气室上,由几根深度位置不一的取样管子组成。取样管向上引出并设有阀门控制,取样管接头采用标准接头,使用时先接好取样容器,然后打开取样管上的阀门,货舱内的货物或气体受压被排出到取样容器。为了使取样具有代表性,必须利用不同货舱深度位置的取样管分别取样,或者利用货泵先进行循环,当液货均匀混合时再取样。

有些船舶的货舱没有装设专用取样装置。往往是利用滑管式液位计在不同深度取样。方法是用一橡胶管接在液位计喷嘴上。

取样容器必须清洁并与所装样品相容,并能承受液货可能的极端温度与压力。盛装可燃货品的取样容器使用前应用氮气清除里面的空气;若样品要求比较严格,用取样接头取出的样品彻底清洗样品容器。如果货物是混合物,当容器处于冷却过程,挥发性的组分蒸发得快,这样使样品中重的组分比实际货物中的多,为此在冷却时容器颠倒过来,使透气阀朝下,以泄放掉首次收集到的液体。

由于取样容器为压力容器,所以不能装满,必须有一定的富裕空间让液货膨胀。容器从取样接头脱开后,将装满液货样品的容器朝上,打开底部排放阀泄放掉一部分液体,从而获得一定的热膨胀空间。

在取样过程中要戴手套和护目镜以防冻伤,若货物有毒性还要戴上合适的防毒或自给式呼吸器。样品容器不能贮存在不通风的地方,以防气体泄漏。

四、货物控制室

部分液化气船设有货物控制室。它一般位于露天甲板的上方,既可以在货物区域内,也可以设在起居处所、服务处所或控制站内。

在货物控制室内可进行所有的货物操作,包括装卸货、再液化冷却作业等。控制台上有货物系统的运行模拟图,通过它可对货物状态及有关货物的设备运转情况进行观察。控制室内有各液货舱货物设备等相关的压力、温度、液位、流量显示仪表和有关报警装置;有阀门、货泵、压缩机、通风装置、应急切断系统等控制开关,可人工选择起动各机器或设备。在另外的仪表板上有液货汽化装置、再液化装置、辅助设备、液货舱和屏壁间等舱室和设备的报警和指示装置。还有一些应急按钮,能够迅速切断液货泵、货物压缩机和应急截止系统等。

五、热交换器

热交换器包括蒸发器(供液货或液氮用)、货物加热器(货物液体或气体升温用)、冷凝器(再液化系统用)、干燥器(惰性气体、压缩空气或货物蒸气)、中间冷却器(再液化系统用)、普通冷却器(水、润滑油用)等,这些装置虽然用途不同,但工作原理相同,基本都是普通的管壳式热交换器,内有适当的膨胀收缩保护装置。

六、防冻冷却液系统

由于水在低温时会冻结,造成低温系统堵塞或使管子破裂,所以用作低温环境的设备和装备的冷却/加热系统,其传热介质不能用纯水,而是用乙二醇(甘醇、二甘醇、三甘醇等)和水的混合液,这种混合液的结冰点远低于0 ℃。

七、滤器和滤网

滤器有许多类型,液化气船最常用的是网孔粗细不一的金属滤网,用于过滤杂质。根据需要,滤网做成各种形状和结构,适当地安装在如下的位置:

(1)压缩机和抽气机的进口管路和它们的润滑油系统;

(2)货泵的润滑装置;

(3)货物装卸总管通岸连接接口处;

(4)液压和气动系统;

(5)货物压缩机、热交换器等的冷却水系统;

(6)气体检测仪和取样管路。

对这些地方的滤器要经常检查清洗,一旦堵塞或被腐蚀损坏,就会影响这些设备的性能和工作状态,并可能损坏设备。在滤芯拆出来时,系统应停止工作,安装时注意滤器的方向。如船岸装卸总管接头处的锥状滤器方向装反,滤器会被压瘪并堵塞管路等。

八、膨胀装置

由于温度的变化会引起金属等材料收缩和膨胀。液化气船的货物系统等要经受温度的变化,所以必须设有调节膨胀和收缩的装置。这些装置主要是膨胀波纹管、膨胀环形管和补偿管等。有些较长的管路做成"Ω"状或其他弯曲状,也可为管系的膨胀和收缩提供补偿变形量。用途较广泛的是波纹管式的膨胀收缩调节装置。它常用于以下地方:

(1)管路系统。作为管路的一个组成部分直接装入管路系统中。

(2)固定式热交换器内。如在壳体和管子侧都可能要装设波纹管适应膨胀和收缩。

(3)密封管路或驱动轴用的隔堵密封。

(4)阀杆密封。用它代替传统的填料函密封,会更严密,不易泄漏。

(5)自动控制。如气动控制等设备,它既能提供一定的自由活动但又不损失压力。

使用管路上的膨胀波纹管时,对它的固定支架、托架、导架及约束件等要小心安装和维护,防止膨胀管中线偏移或受到不必要的变形力而影响它的性能。更换波纹管前为安装方便而预先压缩或拉长。安装妥后应拆除所有的牵条或约束物,使膨胀波纹管处于自由伸缩状态。同时应将波纹管内的水排空,防止冻结,对波纹管应加强保护,防止机械损坏。

九、管路支撑装置

管路支撑的方式很多,如用固定支架或托架等。它们都是要符合下列的一个或多个要求,如支撑管子重量、达到正确对中、允许管子自由膨胀和收缩、防止管子横向移动、构成管路的固定点等。

对于要承受低温的部件,管件可能要用能承重的绝缘垫块。对支架和垫块均应小心正确装妥,防止横移和损坏。如果要求支撑装置与管件允许有相对运动,则所有的移动表面应清洁,必要时应加润滑。在管件进行压力试验前,必须保证管系有充分的支撑,以控制任何侧向力或力偶等。

十、防火网/阻火器

这种装置是一种金属丝网,或是带有很小孔的金属板,一般是安装在透气桅或主机烟囱上顶部的适当位置。它们能将火焰的热量散发掉,且可以防止火焰通过。

这些装置必须经常检查清洁,防止灰尘、盐分和杂物堵塞网眼,平时不准涂油漆。另外,如通过的蒸气过冷,会引起湿气在网上结冰,造成堵塞,这些都会限制气体的通路,甚至影响压力应急释放系统的工作。

第六章

液化气船的货物操作

第一节　液化气船舶运输和货物操作的名词术语

要点

　　掌握液化气船舶相关运输和货物操作的名词术语,是液化气船舶安全操作的最基本要求;本章所介绍的名词概念和技术术语适用于本培训教材,它们可能与其他出版物的解释有所不同。

必备知识

　　1.货物围护系统

　　货物围护系统是指用来围护货物的装置,包括所设的主屏壁和次屏壁以及附属的绝热层和壁间处所,还包括必需支持这些构件的邻接结构。如果次屏壁是船体结构的一部分,那么它可以是货舱处所的边界。

　　2.液货舱

　　液货舱是指壳板为液密,且设计用于装载货物的主要容器,包括不论有无绝热层或次屏壁(或两者)的所有这类容器。

　　3.货物区域

　　货物区域是指船上设有货物围护系统、货泵舱和压缩机舱的区域,并包括上述处所在船舶整个宽度和长度范围的甲板区域。如在最后一个货舱处所后面或最前一个货舱处所前面设有隔离舱、压载处所或留空处所,不应算作货物区域。

　　4.货舱处所

　　货舱处所是指由船舶结构围蔽,内部设有货物围护系统的处所。

　　5.隔离舱(干隔舱)

　　隔离舱是指两相邻钢质舱壁或甲板之间的隔离处所。该处所可为留空处所或压载处所。

　　6.气体危险处所或区域:

（1）货物区域内未装置或配备认可的设备，以确保其空气在任何时候均处于气体安全状态的处所；

（2）货物区域以外含有液体或气体货品的任何管路通过（或在其中终止）的围蔽处所，但安装了认可型装置能防止货品蒸气逸入该处所内空气之中的处所除外；

（3）货物围护系统和货物管系；

（4）装载货物的货舱处所；

（5）用一道钢质气密的边界与没设有次屏壁的货舱处所相分隔的处所；

（6）货泵舱和货物压缩机舱；

（7）在开敞甲板上或开敞甲板上的半围蔽处所内，离开液货舱出口，气体或蒸气出口，液货管法兰或液货阀，或离开货泵舱和货物压缩机舱的入口或通风口 3 m 范围以内的区域；

（8）在货物区域内的开敞甲板上和开敞甲板上货物区域前后 3 m 内，离露天甲板 2.4 m 高度范围以内的处所；

（9）离货物围护系统外表面（该表面是露天的）2.4 m 以内的处所；

（10）内部设有含货品管路的围蔽或半围蔽处所。但就这方面来说，含有符合IGC规则13.6.5要求的气体探测设备的处所，以及利用蒸发气体作为燃料并符合IGC规则第16章要求的处所，不认为是气体危险处所；

（11）供货物软管用的处所；

（12）设有开口直接与气体危险处所或区域相通的围蔽处所或半围蔽处所。

7.气体安全处所

气体安全处所是指气体危险区域外的处所

8.服务处所

服务处所是指用作厨房、具有炊事用具的配膳室、储物间、邮件间和贵重物品间、储蓄室、不构成机器处所部分的工作间以及类似处所，包括通往这些处所的围蔽通道。

9.公共处所和起居处所

公共处所是指居住处所中用作大厅、餐厅、休息室及类似用途的固定围蔽处所。起居处所是指公共处所、走廊，盥洗室、居住室、办公室、医务室、电影院、娱乐室、理发室、没有炊事用具的配膳室以及类似处所。

10.货物服务处所

货物服务处所是指货物区域内，面积大于 2 m² 供货物装卸设备用的工作间、储物间及储藏室的炻所。

11.控制站

控制站是指设有船舶无线电、主要航行设备或应急电源的处所，或指火警记录器或失火控制设备集中的处所，但不包括很可能设置在货物区域内的失火控制特殊设备。

12.货物控制室

货物控制室是指用控制货物装卸作业且满足有关安全要求的处所。

13.A类机器处所

A类机器处所是指装有下列设施的处所以及通往这些处所的围蔽通道：

①主推进用的内燃机；

②作其他用途的合计总输出功率不小于373 kW的内燃机；或

③任何燃油锅炉或燃油装置。

14.机器处所

机器处所是指一切A类机器处所和一切其他包括推进机械、锅炉、燃油装置、蒸气机和内燃机、发电机和主要电动机、加油站、冷藏机、减摇装置、通风机和空调机的处所，以及类似处所；连同通往这些处所的围蔽通道。

15.绝热处所（绝缘处所）

绝热处所是指全部或部分地由绝热材料填充的处所，它可以是屏壁间处所，也可能不是屏壁间处所。

16.主屏壁

主屏壁是指货物围护系统具有两层界面时用来装货的内层结构。

17.次屏壁

次屏壁是指货物围护系统中的液密外层结构，用来对液货可能通过主屏壁产生泄漏提供暂时的保护，并防止船体结构的温度下降至不安全的程度。

18.屏壁间处所

屏壁间处所是指主屏壁和次壁之间的处所，不论该处所是全部或是部分地被绝热材料或其他材料填充。

19.留空处所（空置处所）

留空处所是指货物区域内在货物围护系统外部的围蔽处所，但不包括货舱处所、压载舱、燃油舱、货泵舱、压缩机舱或人员正常使用的任何处所。

20.液舱盖

液舱盖是指用来保护突出于露天甲板上使货物围护系统免受损伤的结构或用来保证甲板结构连续性和完整性的结构。

21.液货舱气室

液货舱气室是指液货舱向上延伸的部分。如货物围护系统在甲板下方，则液舱气室伸出露天甲板或舱盖之上。

22.绝缘法兰

一种安装在金属法兰、螺栓和垫圈之间的绝缘装置，它用来防止在管路、管段间、软管、装卸硬臂或其他设备装置之间有电流通过。

23.空气闸

这是一个产生隔离区的装置,用以保持相邻区有压力差。如液化气船货物机械的电动机舱空气间用以保持敞开的露天甲板上气体危险区与加压的气体安全电动机舱之间有一压力分隔。

24.货物作业

液化气船上任何涉及液货或货物蒸气(包括货物驳运)的作业,例如再液化、透气排放、装卸货等。

25.货物驳运

液货或货物蒸气输送到船上或从船上往外输送的作业。

26.货物控制(货物调节)

这是要求在保持货物数量并不会过分损耗的情况下,保证货物的压力和温度在液货舱设计限度内,液货状态符合要求。

27.再液化

通过制冷的方法把蒸发的货物蒸气再转换为液体。

28.透气

从液货舱及与其关连的系统向大气释放货物蒸气或惰性气体。

29.除气(气体清除)

为了一定的目的,如热工作业、入舱作业等,把足够多的新鲜空气通入液舱、舱间或容器中,把其中原有易燃的、有毒的货物蒸气或惰性气体降低到许可程度,叫作除气。

30.除气合格

除气合格是指一个液舱,舱间或容器经使用认可的检测仪器测试证明在测试时该处所内的有毒、爆炸性或惰性气体已充分地被排除,可适用于某一专门目的,例如火工作业之用。测试是由被核准的人员(通常是岸方的化学工程师)进行,并由其签发证书。

31.除气证书

由主管负责人签发的一份证书,确认某液舱、舱间或容器在检测当时,已达到适用于某种目的除气标准。

32.净化/置换/驱气作业

这是用氮或合适的惰性气体或合适的货物蒸气把货物围护系统中原有的气体替换的作业。

33.适装证书

这是由国家政府部门发的证书,用以确认某一液化气船的结构、设备、装置、布置和材料符合IMO液化气体船规则。该证书可由船级社代表政府部门批准签发。

扩展知识

1.混合式再液化循环

这是货物蒸气再液化的一种方法。这方法是货物蒸气在货物冷凝器中冷却液化,货物冷凝器使用会蒸发气化的致冷剂如R22等,蒸发后的致冷剂用压缩机升压后经过致冷剂冷凝器,在里面利用常温的海水冷却液化。

2.气蚀

这常见在离心泵叶轮上。当叶轮吸入压力降低到小于所泵送液体的饱和蒸气压力时,液体就会气化,形成的蒸气泡在叶轮较高压力区内破裂,发出相当大的冲击力,从而使叶轮表面剥落遭受着显著损坏。这种现象称为离心泵气蚀。

3.MARVS

"MARVS"是指液货舱压力释放阀的最大允许调定值。

4.货舱设计蒸气压力 P。

设计蒸气压力 P 是指液舱顶部可能承受的最大表压力。对没有温度压力控制的液货舱,其 P 一般不应该低于货物处于温度45 ℃时的蒸气表压力,并且在所有情况下,P 都不应低于MARVS。

5.货舱设计温度

供选择货品用的设计温度,是液舱可以载运货物的最低温度。应确保液舱或货物温度不低于货舱设计温度。

6.充装极限

考虑了液体可能的膨胀(和密度的变化)后,液舱能够安全充装的容积,以总容积的百分数表示。

7.脆性断裂

由于低温导致金属晶粒结构缺乏韧性而发生的断裂。

8.翻滚

把两种密度不同的液化气货物装入同一液舱内,两种货物自身迅速混合,由于改变了它们的相对密度以致破坏液面的稳定,产生大量货物蒸气并伴有压力上升的现象。

9.绝热、绝热膨胀和绝热过程

绝热是指没有热传递。

绝热膨胀是指液体或气体在没有热量得失的情况下的体积变化。

绝热过程是对无热量得失的过程或系统的描述,即是恒熵的过程。

10.沸腾液体膨胀蒸气爆炸

这是指装载液化气的压力容器在着火情况下破裂而发生的爆炸。

11.压力冲击

这是管线路中的液体在流速发生变化时产生的压力波动。如果流速变化过大,冲击压力会达到危险程度,由它形成的冲击波会损坏管路和有关装置。

12.沸点

沸点是液体沸腾时的温度。当液体的饱和蒸气压与液面上方的空间压力相等时,液体就开始沸腾。如没有特别指明,通常所说的液体沸点是指在1个标准大气压下液体沸腾的温度或液体的饱和蒸气压力等于1个标准大气压力时的液体温度。显然,液体的沸点与外界压力有关,压力增高,沸点上升。

13.饱和状态参数

在密闭容器中,当气、液两相处于相对稳定的共存状态,即饱和状态时,这时的温度、压力、气体密度、液体密度等一系列参数称为饱和状态参数。

14.饱和蒸气压力

在密闭容器内,由于蒸气分子做无规则的自由运动,大量的气体分子连续不断地与容器碰撞,这在宏观上表现出一个恒定的、持续的压力,即蒸气压力。在一定温度下,在密闭容器内和液体处于动态平衡状态时蒸气所产生的压力叫饱和蒸气压力。蒸气压力与密闭容器的大小及液量无关,仅取决于液体温度和液体种类,对于同种液体,温度升高,蒸气压力增大。

15.饱和温度

物质处于饱和状态时的温度称为饱和温度。物质处于一定温度下的饱和状态参数都具有各自的恒定值。

16.货物蒸发率

液货舱的货物蒸发率是指一天(24 h)内蒸发的低温液体量占液货舱总液货质量的百分比。

第二节　液货对船舶稳性、吃水差以及结构的影响

要点

由于液化气货品的密度比较小,相对重心高,而且流动性好,自由液面影响大的特点,综合起来液货对船舶稳性的影响比较大,在制定货物操作计划时应充分考虑到液货对船舶稳性及结构的影响。

必备知识

一、保证液化气船舶安全的主要指标

1.纵向强度

船舶结构纵向抵抗剪切和弯曲变形的能力。各舱尽可能均衡配载,以降低所载液货使船舶产生的弯曲和变形。

2.局部强度

船舶结构局部抵抗外力的能力。任何部位货物配载都不能超过船体的局部安全负荷。

3.稳性

船舶在外力作用下恢复到平衡位置的能力。稳性用 GM 值表示,GM 越大,稳性越高。

4.吃水差

船舶艏艉吃水的差值。它对船舶稳性、船体强度、航行和操纵性能都有较大的影响。

二、防止液货影响的安全措施

液化气船与其他船舶一样,船舶的稳性、吃水、吃水差、横倾、剪切力和弯矩等都要保持在安全范围以内。

第三节　装卸货计划的制订

要点

装卸货计划对确保船舶安全,防止货损货差,充分利用船舶的载货舱容,提高装卸效率和提高船舶运输的经济效益具有重要意义。

必备知识

一、船舶货物积载的基本要求

1.充分利用船舶的载重量和货舱容积,尽量达到满载、满舱。

2.确保船舶安全,避免船体沿船长方向产生过大的中拱或中垂而引起船舶变形,并防止甲板由于超载发生严重变形或坍塌。

3.保证船舶具有合适的稳性,防止船舶倾覆。

4.保证船舶吃水吃水差满足适航要求。

5.保证货物运输质量,根据货物的理化性质和包装情况处理货物的混装和选定装载舱位。

6.在确定货物的舱位时要考虑不同货物之间的隔离以及不同港口的货卸完后船舶的稳性和受力情况都处于正常状态。

二、装货计划的制订原则

1.获取有关货物资料。船长在接到航次指令后,首先确定预装货物是否符合本船适装证书上标注的适装要求。船长应在装载之前尽早取得所要装载货物的正确技术名称。如果资料表中没有这种货物的足够资料,则船长应通过其他途径取得正确载运所必需的足够的补充资料。如是首次装载该类货物,则应向货主或租船人索取如下有关资料:

(1)货物安全保管和运输所必需的货物物理和化学性质的详细说明书;

(2)发生溢出或泄漏事故时,需要采取的应急措施;

(3)防止人员意外与货物接触的防范措施;

(4)灭火程序和灭火剂;

(5)货物运输和气体清除的特殊要求;

(6)货物驳运、气体清除、压载、清洗液舱和更换货物的程序;

(7)安全装卸特种货物所需的特殊设备的要求;

(8)内层船壳钢材的最低温度;

(9)可能装载的每一种货物在各装载温度下的最大充装极限,最高基准温度以及每一压力释放阀德尔调定压力值等详细资料;

(10)货物的相容性资料;

(11)装运必须进行抑制方能运输的货物时,应当从货主处得到有关抑制剂的使用说明和注意事项及有效期;

(12)应变程序。

2.船长和所有有关人员应利用资料表和其他有关资料,熟悉要装卸的每一种货物的特性。如果装载的货物是混合物,应得到这一混合物的组分资料,并用岸罐的温度和压力读数验证这一资料。

3.如果缺乏安全载运所必需的资料,应拒绝装载,如果货物已被抑制,但没有关于抑制剂的详细情况的适用证书,则亦应拒绝装载。

4.对货物可能存在的任何污染应给于特别注意。

三、装卸货计划的制订

大副应根据航次指令,制订出周密可行的装载和卸载计划,制订装卸货计划时,应注意以下因素:

1.液货舱的最大充装量,在基准温度下,不得超过液体货舱的98%舱容;计算最大充装量还应考虑季节特点,为运输过程中的温度变化而导致的仓容变化预留空间。

2.装卸需抑制的货物时计算装卸总量是,还应考虑到需添加的抑制剂数量;

3.同时装载几种货品时,会起化学反应的货物,只有当整个货物系统,包括货物管路、货舱通风系统和冷冻系统为实际隔离时,才允许进行装载;

4.如两种或两种以上性质基本相似的货物混装时,除非货主有另外的需求,应先装饱和蒸汽压的压力低者(如丙烷和丁烷混装时,先装丁烷);亦可理解为先装密度大者,因为液货进罐处位于底部,这样的装载顺序有利于不同密度的货物充分混合,便于后期的取样化验,确定货物成分和混合密度。

5.大副应根据货物资料将其主要内容(理化性质、毒性、灭火方法、意外接触的应急处理等),张贴在货控室和公共场所。

四、注意考虑装卸港的有关规定

不同的液化气港口码头都有不同的地理位置和环境差异,且拥有不同的设备和装置,因此也有不同的规定和要求,作为船长和大副在制订装卸货计划时要充分了解并考虑这些特殊规定。

扩展知识

装货计划的制订要求:

1.大副根据航次指示货物装货量,负责制订货物配载计划工作,最后要由船长签字确认。

2.在不影响大副正常工作的情况下,公司鼓励其他船舶驾驶员,在大副的指导下,参与货物配载计划的制订及相应的操作,以及与货物有关的各种货运单证的管理工作。

3.货物配载计划,大副应每3个月向公司报告一次,或者公司认为有必要时指示船舶向公司报告。

4.货物的配载计划必须考虑到本章附录3所记载的货物性质及特殊要求与注意事项。正常的装载情况还应考虑破舱稳性计算书提到的货物性质和注意事项。

5.一般状况

货物装载一般必须注意吃水、吃水差、稳性、船体强度等。

6.货物的隔离

(1)本公司船舶配置、构造适用于根据货物的兼容性和毒性进行隔离;

(2)氯乙烯和无水氨在同一船上能起反应,是非常危险的,此两种货物决不可装在同一船上;

(3)除丁二烯外,本公司船舶适装的货物都和水兼容;

(4)氯乙烯是易燃有毒品,无水氨是有毒品,均在IMO GAS CODE中列出,它们不能和其他货物同装一条船上。

7.防止聚合反应:

氯乙烯和丁二烯货品,为了安全运输必须添加抑制剂,防止聚合反应,同时,还须注意以下几点。如果不提供下列抑制剂的有关证明,应拒绝装载此货。

8.当船舶装运丁二烯时,制造厂家和货主必须提供如下证明资料:

(1)所添加的抑制剂的名称和数量;

(2)添加剂加入的日期和正常情况下预计的有效期;

(3)影响抑制剂的温度限制;

(4)航行周期超过抑制剂有效期时,应采取的措施;

(5)当船舶装载氯乙烯时,为防止聚合反应加入抑制剂时要同样获得上述资料。在没有加入抑制剂的情况下,充入惰性气体可获得满意的效果,但蒸汽总容量中氧气含量必须低于1%,并在装货前要对大舱和管线进行取样化验。

9.破舱稳性

当船舶装货时,装货状况应符合破舱稳性的要求及注意事项。

10.货物充装极限

任何货舱充装液体在基准温度下容积不得超过货舱舱容的98%。货舱可装载的最大容积按下列公式来确定。$V_1 = 0.98 V dR/dL$

(1)当未配备《散装运输液化气体船舶构造与设备规范》第七章所述的货物压力/温度控制设施时,基准温度是指安全阀设定的压力与货物蒸发所对应的温度。

(2)当配备《散装运输液化气体船舶构造与设备规范》第七章所述的货物压力/温度控制设施时,基准温度是指在终止装货、运输期间或在卸货情况下的货物温度,取大者。

（3）预计装载的静吃水差也应当确定。为满足上述要求，液位测量的误差当然也要考虑进去。

第四节 船岸联系

　　船/岸互相联系是指船舶靠泊前与港方、码头关于抵港时间、装卸货时间、安全要求、船舶设备及安全措施的联系。

必备知识

一、靠码头的安全条件

　　靠码头的安全条件分为两个方面。一方面是码头提供足够的安全靠泊条件；另一方面是液化气船舶靠码头前的设备安全检查。

　　1.码头提供的安全靠泊条件

　　安全对于液化气船舶运输非常重要，码头在船舶靠岸之前要采取必要的预防措施，以保证液化气船靠、离码头和装卸货的正常进行。

　　（1）液化气船靠、离的码头必须是专用码头或指定的泊位；

　　（2）液化气船舶靠、离的码头内，实施一级消防戒备；

　　（3）液化气船舶靠、离的码头内备有足量的消防器材、急救器材、阻漏器材，一切工具和机械、电气设备均应是防爆型的，做好防静电措施；

　　（4）靠专用码头的液化气船舶必须要强制护航；

　　（5）专用码头应遵守当地港口管理条例或其他有关规定的一切必要措施。

　　2.液化气船舶靠码头前的设备安全检查

　　（1）安全负责人

　　液化气船靠泊前，必须有专职的安全负责人负责全面安全工作，安全负责人是全船安全工作的总指挥。

　　（2）安全检查表

　　在装卸货作业前必须按安全检查表的要求对设备和措施等进行安全检查。

二、船岸间建立的安全程序和措施

液化气船舶系运输较高压力的危险气体船舶,船方运输这些液货时,要充分了解液化气本身的特性,也要了解掌握船舶、港口、码头设备的规定。确切掌握装、卸液货的操作与控制和步骤。熟练掌握气罐的管系、阀门以及装卸机械的使用性能,船岸的防火特性结构及有关法规的各项条款。当液化气船舶即将靠离码头,进行装卸货时,船岸间应建立安全措施。

1.液化气在港期间,应显示危险品作业信号。

2.船方、岸方向港口当局报告到达指定码头的时间。

3.船靠码头前,应做好充分的装卸准备工作。

4.当船舶系泊于码头时,船上的,岸上的发信机一律不可使用;也不可使用雷达。

5.当船舶系泊于码头时,船方要时刻处于备车状态,不许在码头内进行主机、辅机、锚机、舵机等修理工作。

6.当船舶系泊于码头时,无论船方还是岸方,绝对不许使用明火做饭。吸烟必须在指定的时间和地点。

7.出现以下情况时船岸双方应立即停止装卸操作:

强风;

船舶附近发生火灾;

暴风雨和闪电来临;

与它船碰撞。

8.船方的液货舱和岸方的储罐及可能泄漏或聚集气体的地方必须有可燃气体的探测器。

9.船方在靠码头期间,要准备好防火缆,也叫应急拖缆,在火灾或者其他应急情况下船舶需立即脱离码头时使用。

10.离港前船岸双方要做必要的检查。

11.其他一切必要的安全措施。

三、船岸互相交流的资料

液化气船舶在装卸前对以下内容进行交流:

1.通信方式

甚高频无线电话、防爆对讲机、通信联络员等。

2.货物资料

正确学名、温度和压力、密度、货物是否需抑制、货物中是否有水及理化特性等。

3.系泊情况

风速大于 15 m/s,浪高超过 1.5 m 时,不能进行靠离泊和装卸货作业。

4.舷梯调整

液化气船系泊后,放下舷梯,应铺上安全网,同时根据潮水、装卸情况,及时调整舷梯。

5.防火设备

装卸作业前船岸各自检查是否按要求备妥灭火消防器材,并确认处于正常状态。

6.照明

所有船岸照明度必须是防爆的,在必须动火情况下,应检测当地当时的气体是否安全。

7.登船规定

与船无关人员,一律禁止登船拜访和参观。

8.吸烟、厨房和急救用品

船岸双方吸烟要在指定场所,并在指定时间;厨房在装卸货期间不得烧火做饭;急救用品由船上专人负责。

9.气象因素

及时收听天气信息和气象预报,根据气象条件安排装卸作业。

10.安全设备性能和应用

装卸货前要对安全设备进行逐项检查,确认处于安全有效状态。

四、装卸货前码头向液化气船提供的资料传真资料传真

(一)船舶靠码头前

1.泊位低潮水深;

2.当需要协助操纵船舶和系泊时所能提供的拖船和系缆艇;

3.确定使用液化气船上的缆绳或是拖船上的缆绳;

4.液化气船在全部系泊作业中所需的系泊缆绳及其附件;

5.提供靠泊的系船设施的详细资料;

6.指定哪一舷靠码头;

7.岸上软管或装卸硬臂的数量和尺寸以及所需管子接头的数量;

8.有无货物蒸气回流管,岸上有无货物回收装置或燃烧装置;

9.认为有必要提前通知船长的关于码头泊位或浮筒系泊的特征;

10.码头所能承受的最大碰撞速度和角度;

11.在系泊期间所采用的视听信号规定,包括驶入泊位时的船速显示手段;

12.在突堤泊位所指定的舷梯登陆位置,或岸方的登岸通道准备;

13.码头方对货品装卸作业方式的预告或原定装卸计划改变的预告;

14.在浮筒、泊位处所应遵守的环境和装载限制方面的规定;

15.污油水或压载舱水的接受处理方法。

(二)船舶装货前

1.货品名称、成分及组成、分子量、密度或比重、拟装数量等;

2.应引起注意的货品的物理、化学特性(温度、压力、可燃性、毒性、聚合性、腐蚀性、刺激性、与其他材料起化学反应等内容);

3.货品对货舱环境的特殊要求(惰化、除氧、抑制剂);

4.货品预计的装载温度、压力和期望的装载顺序;

5.岸方最大装载速率和船岸接头处所能达到的最高压力;

6.软管或装卸硬臂的数量、尺寸,管子接头规格、位移极限;

7.控制装载作业的通信系统情况,包括应急停止作业信号。

(三)船舶卸货前

1.码头拟接受货品的指定数量及能接受的卸货顺序;

2.码头能承受的卸货货物温度和压力要求、最大卸货速率;

3.船岸货物管路连接处能阐述的最高压力;

4.岸上货物软管或装卸硬臂的数量、尺寸,管子接头规格、位移极限;

5.控制卸载作业的通信系统情况,包括应急停止作业信号;

6.码头的其他限制规定。

五、装卸货前液化气船向码头提供的资料信息

(一)船舶自靠码头前

1.船舶抵港时的吃水和纵倾;

2.在装卸期间和完毕时刻所预期的最大吃水和纵倾;

3.船长要求码头拖船协助的通知;

4.是否有会影响正点开始装卸的修理工作;

5.船体、舱室、阀门或管道等部分是否存在能影响装卸或造成污染的渗漏情况;

6.提供船上总管及其变径接头方面的详细资料,包括型号、数量、尺寸、规格以及对接器的材料;

7.船舶是否已采取外部阴极防护措施;

8.船方对货物装卸作业方式的预告或原定货物装卸计划和货物配载等更改的预告;

9.有关污油水、脏压载水和化学添加剂污染等方面的数量和特性资料。

(二)船舶装货前

1.上次载货的详情,液货舱气体成分,要不要净化作业,是否要排空或货物蒸气回流;

2.货舱氧气含量,有否货品的化学抑制剂或是否要岸上提供(如果适用);

3.可接受的装货初始速度、正常装货速度和装货收尾阶段的装货速度；

4.可接受的最低货物温度和最高货物温度；

5.可接受的码头指定的货物量；

6.液货的配载图示和装货顺序；

7.装货过程中,船/岸货物管线接头处所能承受的最高压力；

8.液货舱能承受的最高压力；

9.压载的布置,所含成分和数量以及卸压载所需的时间和最大空载干舷；

10.污油水的数量、品质和处理；

11.船岸装载作业过程中的通信联系办法、工具、频道以及应急停止作业信号。

(三)船舶卸货前

1.货品的资料说明,包括名称、成分及组成、分子量、密度或比重、黏度、化合性、聚合性及其他应引起注意的物理、化学特性；

2.货品抵港时的蒸气压力、液货温度；

3.装载货品的数量和装入液货舱的配载图示；

4.污油水的数量和处理；

5.可达到的卸货速率和卸货压力；

6.要不要货物蒸气回流,货物蒸气处理的方法或要求；

7.估计对专用压载舱进行压载的开始时间和需要延续的时间；

8.船岸卸载作业过程中的通信联系、工具、频道以及应急停止作业信号。

六、货物装卸作业前的船岸双方协商内容

在货物输送开始之前,船岸负责人召开协商会,详细研究预定程序和作业方式,同时使船岸双方熟悉船岸货物装卸设备的性能、预定的操作(安全措施、安全要求以及其他安全作业的规定。

这种协商会议主要包括下列基本内容,并达成书面的装卸计划协议书。

1.记录船岸负责输送货物的人员姓名和任务。

2.岸站代表查核船方对货物、货物安排及货物调节的通知执行情况,并且检查船舶设备的必要检验和试验是否已进行。

3.同样,船方驾驶员查核岸站有关设备的检验是否进行得令人满意。

4.将液货舱的货物资料数据通知岸站代表(必要时通知海事或海关),主要包括温度、压力、货舱内蒸气成分、舱内货物数量、是否空舱或只剩残液,等等。

5.然后双方讨论,商定装卸的货种和数量、装载顺序、预定输送率和舱位安排。

6.货物输送作业应详细计划并加以讨论,以便保证互相了解。装卸指令、输送货物总、

量、舱的装卸顺序、预定输送率、预期输送温度和压力、蒸气回路的使用等,须加讨论并商定。同时,应注意装卸和压载对船舶受力和稳性的影响。

7.船舶以前装过的各种货物和有关日期记录以便鉴定和评估货物污染的可能性。

8.在船舶和岸站显眼的地点张贴有关的危险货物资料表。

9.查阅港口和码头规则,特别要注意入港操作规定,消防力量和其他应急措施。同样,船舶的规则和应急部署须通知岸站人员。特别要注意关闭阀门所需时间,互相充分了解已商定的应急截止程序。

10.船岸负责输送操作人员之间正常和应急通讯所需设备,操作人员应确定并熟悉操作程序。如果使用手提通讯装置,应备足电池,并规定共同语言和频道。

11.与船舶靠泊有关的任何资料和程序应加以讨论。

第五节 货物操作流程.

要点

根据液化气船载运液货的种类、状态和船舶的构造、陆上设施的不同,液化气船的货物操作有所区别。

必备知识

一、LPG船货物操作流程

1.全压式LPG船

液货舱检查→干燥→惰化→驱气→装货→载货航行→卸货→压载航行→换装货品。图6-1所示为全压式LPG船装卸货流程。

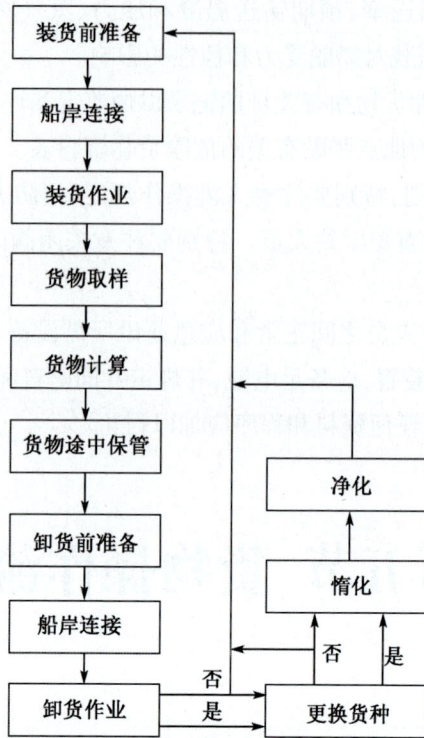

图6-1　全压式LPG船装卸货流程

2.全冷式LPG船

液货舱检查→干燥→惰化→驱气→预冷→装货→载货航行→卸货→压载航行→换装货品。

3.LNG船

出坞前状态→绝热层空间氮气冲入与控制→正常压载作业→干燥→惰化→驱气→预冷→装货→载货航行→自然蒸发气燃烧控制→强制蒸发气燃烧→卸货→压载航行→换装货品。

二、LNG船货物操作

1.绝缘层氮气(N_2)的充入与控制

氮气充入主次屏壁空间可有效防止LNG泄漏形成可燃混合状态,同时也方便通过屏壁层进行LNG的泄漏探测。当由于大气压力和温度的高低变化时,绝缘层空间充入的N_2可通过补偿控制阀、排放阀和安全阀自动保持压力在0.5~1.5 kPa。N_2由氮气发生器产生并储存在24 m^3的气瓶中,通过补偿阀到压力总管并通过各分支进入各舱的主次绝缘层空间,多余的氮气则通过透气桅排放。

2.正常压载作业

主要功能是确保船舶纵倾、横倾和稳性处于良好状态,LNG船可根据压载航行、装货排压载、卸货压载和抵离港的压载水海上置换等工作模式选择作业。

3.干燥作业

是指使用由惰气发生器提供的干燥空气置换货舱内大气空气的作业模式。干燥空气通过供气管由货舱底部进入,大气空气则通过气穹和气相总管自顶部通过透气桅排放。这个过程可以在船靠岸或者海上航行时进行,大约需要20 h,当货舱内空气露点减至-20 ℃时可认为置换作业完成。

4.惰化作业

由惰气发生器提供露点为-45 ℃、含氧量低于1%的惰性气体置换货舱内干燥空气的作业。惰气通过供气管由货舱底部进入,干燥空气则通过气穹和气相总管由顶部通过透气桅排放。当货舱内气体露点降低至-40 ℃且含氧量低于2%时,惰化作业置换完成,时间大约需要20 h。

5.驱气作业

使用由岸方提供的已加热LNG蒸汽置换货舱内的惰气,同时驱除有可能结冰的气体,如CO_2等。岸方提供的LNG由装卸臂通过液相总管送到LNG蒸发器,生成20 ℃的LNG蒸气再通过气穹进入各舱内,由于LNG蒸气密度轻于惰气,所以各舱内的惰气则经装货管排入液相总管并通过一号透气桅排入大气。当一号透气桅的排气中甲烷含量达5%时,则通过高流量压缩机直接送入岸罐或者通过蒸汽燃烧管线送至锅炉燃烧。当装货管顶部的甲烷含量超过99%时,驱气作业确认完成。

6.预冷作业

预冷是在每次装货作业前对液货舱进行缓慢冷却降温的过程,以防止在装货过程中由于LNG液货的过压产生过多的蒸发气。预冷作业是通过喷淋总管提供液态LNG,液态LNG再经过各分配格栅喷头喷入各舱内,而产生的蒸发气则通过高流量压缩机经气相管送回岸罐接收装置。当各舱内不同高度的5个温度传感器的平均温度值达到-120 ℃~-130 ℃,并且舱底液态LNG达到设定液位高度时,预冷作业方确认完成。此时主绝缘层和次屏壁的温度应达到-80 ℃~-100 ℃。货舱压力则由货物蒸气压缩机通过改变送至喷淋总管的液货流量来保持稳定。在预冷作业过程中,如果引起绝缘层空间的压力降低,则需要补充N_2以防止LNG泄漏。

7.装货作业

LNG液货通过装卸臂由液相装货管送至各舱内,初始装货时应缓慢进行,进舱阀应由15%~20%的开度逐渐慢慢增加至全负荷状态,同时需要注意监视货舱压力变化,而货物蒸气返回岸罐的开度则应调至最大。装货时需同时进行排压载作业,各隔热舱的加热系统中乙二醇的温度也要同时调节控制在5℃左右。

8.载货航行中的喷淋降温作业

通过各舱的扫舱/喷淋泵将货舱底部的LNG液货送至货舱顶部的喷头对货舱进行喷淋降温作业,目的是防止在装货过程中液货对泵塔和设备的热冲击,限制装货过程中产生的蒸发气数量,限制装货过程中绝缘层中N_2的过大流量。

9.载货航行时的LNG蒸发气(B.O.G.)燃烧控制

在装货过程中自然汽化的货物蒸气将被送至机舱锅炉中进行燃烧。各舱中的蒸发气通过旁通管或者LD压缩机由气穹进入气相总管,之后被送至燃气加热器加热至45℃后方可送至锅炉燃烧器使用。如果在载货航行过程中船舶需要使用100%的蒸发气作为锅炉的燃料时,则另外所需的LNG蒸发气将由货舱内的扫舱泵将LNG液货送至强制蒸发器进行强制气化产生。在此过程中强制蒸发器将和LD压缩机并联使用。

10.卸货作业

在正常的卸货作业时只有主液货泵工作,只有在船舶需要进坞修船时,才会使用扫舱/喷淋泵卸空各舱液货。卸货过程中,应由岸罐提供LNG蒸发气以维持液货舱压力。当岸罐无法提供货物蒸气时,则需要通过船上的LNG蒸发器产生货物蒸发气以维持货舱压力稳定。卸货时的各舱操作应按照3-2-4-1的顺序进行,以获得较好的船舶稳性和卸货操作稳定性。

11.暖舱作业

在船舶需要进坞维修或者液货舱需要进行检验时,作为货舱通风作业的一部分。暖舱作业是通过两台HD压缩机和货物加热器对货物蒸气进行循环加热以达到相应的货舱温度值(第一阶段0℃,第二阶段75℃),而多余的货物蒸汽可以通过透气桅排放大气,或者在港时送至岸罐接收装置,也可以通过LD压缩机送至锅炉进行燃烧。当各舱次屏壁的最冷点温度达到5℃时,暖舱作业完成。

12.进坞前的惰化作业

暖舱完成后,再使用惰气发生器产生的惰气置换货舱内的LNG蒸气,当LNG蒸气含量减至2%时结束,大约需要20 h。除货舱外,所有的管线和装置也必须使用惰气或者氮气进行相应的驱除作业。

13.通风作业

通过使用干燥空气置换货舱内惰气的作业,使货舱内的氧气含量达到20%,甲烷含量低于0.2%舱容,露点低于−40℃,时间大约需要20 h,此时将货舱的压力释放阀设定值调节至1.2 kPa。

第六节 装货前的货舱准备

要点

　　新装的货物种类如果与上航次载运的货物品种不同,在装载前要对货舱进行排气、惰化、驱气和净化作业,以保证货舱适合货物装载。

必备知识

一、验舱

(一)液货舱的准备

　　新受载的货品若与上航次贮运的货物品种不同,在受载前要对液货舱进行排气,惰化置换、驱气和净化作业,这些作业有条件的话应尽量安排在压载航行中进行。净化作业要保证甲板液货贮运柜存有新受载的货物,否则要到港口后有港方提供并进行净化作业。对于上航次货物与本航次货物之间是相容的,且货主无特殊要求的也可以考虑省去上述作业。对于全冷式LPG船和半压/半冷式LPG船在进行了货物置换后则要对液货舱进行冷却,而对于全压式LPG船则只需用待装货物蒸气或置换所用氮气保持舱压即可。

　　对于新造船或进坞检查修理的液化气船,液货舱的准备则复杂得多,要进行干燥、惰化、驱气、净化和冷却作业。冷却作业应缓慢进行。对于全压式船可以省去冷却作业。

(二)液货舱的要求

　　1.液货舱只能装载适装证书规定的货物。

　　2.液货舱气室和入孔密封应良好。

　　3.若货舱设有次屏壁,船上应设有能将液货舱泄漏或破损时漏出的液货抽回液货舱的泵浦和管系,以及其他适当的排泄装置。

　　4.应设有货舱处所的舱底水处理装置,在没设有次屏壁的货物围护系统内,其排水装置应为不与机器处所相连的独立泵浦和管系;在设有次屏壁的货物围护系统内,其排水装置的吸口不应与机器处所内的泵相通。船上应保持有定时检测货舱处所是否有泄漏的记录。

　　5.装载货物温度低于-10 ℃时,应设置适当的绝热层,以确保船体结构的温度不降低到所使用钢级的最小许用工作温度以下。

6.若使用珍珠岩作为绝热材料,其布置应能防止由于震动而使材料挤实,其中包括是否经过抗粘处理。

7.在基准条件下,除非经主管机关许可,所装货物容积不得超过舱容的98%。

(三)验舱具体步骤

1.货主或商检进行验舱取样,计量(R.O.B)包括气货和液货。大副做好装货前的货物单据,经商检或货主签字确认。

2.现场采集温度、压力、液位原始数据。

3.观察记录前后吃水。

扩展知识

一、货舱干燥

经过处理后的液货舱,由于货舱容积大,即使含水率小,其总量也是相当可观的。这些残留水若不除去,将与货物形成水合物或结成冰凌堵塞设备和管道。有些货品如氯等要求干燥环境,因此必须预先除去水分。船舶除气时货舱表面可能是干燥的,但在货舱预冷时舱内气体中的水分会冷凝,因此必须使舱内空气保持极低的含水量,即尽可能降低空气的湿度。干燥的方法有多种,但最普遍的方法是利用惰性气体发生装置中的气体冷冻和吸收干燥装置进行空气干燥。这种方法的原理如图6-2所示,由抽气机或压缩机把空气从液货舱中抽出,然后经过通常由R22冷却的干燥器。空气被冷却,水蒸气凝结成水而被排放掉,于是,留在干燥器中的空气在较低露点达到饱和。用随后的硅胶吸收干燥,可进一步降低空气露点。然后,用空气加热器把空气加热到环境温度,然后回到液货舱。按此程序在所有液货舱和管路中继续进行,直至空气的露点低于预定的货物装载温度为止。另外也可以用岸上供给的或船上惰气发生器生产的氮气进行惰化,同时进行干燥作业。不管采用什么方法,干燥过程都要花费时间和精力。没有充分干燥的管路,往往由于结冰和形成水合物而导致泵和阀失灵。虽然,甲醇喷射装置可用以溶解深井泵吸口的水合物,但不能用以代替彻底干燥。同时,如潜水泵配有加热装置,当液货舱有潮湿空气时应使用此装置除湿。

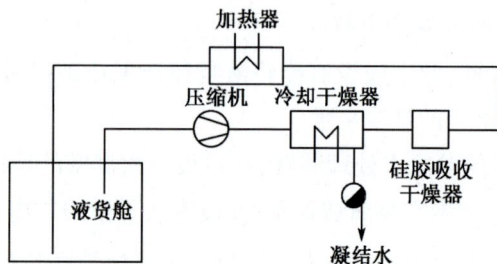

图6-2　货舱干燥操作原理图

二、货舱惰化

在装货前,液货舱、货物管路等货物系统内是充满空气的,为防止可燃货物蒸气与空气形成爆炸性混合气体,必须用加入惰性气体的方法降低货物系统内的气体含氧量。惰性气体是一种化学性质不活泼,不支持物质燃烧也不与货物发生反应的气体。虽然理论上氧的含量只要小于11%(体积)任何物质都不可能发生燃烧,但实际上为了确保安全,货物系统内的气体含氧量应降到5%(体积)以下。考虑到货物系统的结构复杂,气体分布不均匀,同时仪表测量有误差等,通常将氧含量控制在1.5%~2%(体积)或以下。

如装载的货品是化学性质活泼、不稳定、不饱和的液化气货物,货物系统就更应高度除氧,以防止这些货品与氧形成爆炸性氧化物或被氧触发引起货品自身的聚合反应。惰化后货物系统内含氧量应以货主提供的理化资料为准,如装运氯乙烯单体和丁二烯,货物系统内气体含氧量只允许在0.2%(体积)以下。在装运过程中还必须添加抑制剂防止货物发生聚合反应,如抑制剂浓度不足,运输氯乙烯所用的惰性气体的含氧量就要小于0.1%(体积)。装运乙烯时,为保证化学纯度,含氧量应低于0.5%(体积)。装运氨时,一般可以不对货物系统惰化而直接用氨气置换空气。因为尽管氨是可燃的,但不容易点燃。如果为了确保安全,也可以对货物系统进行惰化作业,但惰化程度只需将含氧量降低到12%(体积)即可。并且惰化所用的气体只能用纯净的氮气,不能用燃烧的或锅炉废气所生产的惰性气体,因为这些气体含有二氧化碳(CO_2)等杂质,而CO_2或其他杂质会与氨起反应生成碳酸铵等。

液货舱的惰化置换作业有以下四种方法:

1.分层推移排挤法

当液货舱内的空气或货物蒸气与使用的惰化或净化气体的密度差别较大时,可以使用此法。通入或排放的基本原则为:密度小的气体在货舱顶部通入或排放,密度大的气体在液舱底部进入或排放。由于密度的差别,在两种气体间形成明显的分界层。大多数的碳氢化合物比惰性气体重,而氨比空气密度小,氮气与CO等惰性气体密度几乎相等,但在低温时氮的密度较大。用这种方法惰化或净化所需的气体量较其他方法少。理论上用一个舱容的气体充进去就可以把原先舱内的气体置换掉,但实际上总会有些混合,所以可能需要1.25~4倍舱容。注意气体的引入需控制速度以防形成紊流而扰乱分界层。这种方法适用于各种类型的液货舱,尤其是对液舱内构件较少者效果更好。尽管理论上分层置换法是最经济的方法,但它的有效性却取决于分层状态混合效果等种种因素。

由于空气与惰性气体两者密度相差很小,燃烧产生的惰气比空气稍重,而氮稍轻,这样小的密度差很难完全采用分层推移排挤法。

2.重复加压稀释法

这种方法适用于压力式货舱。将惰性气体输入货舱内,重复升压到合适的正压,然后把舱内的混合气体排到大气中而达到稀释的目的。每重复一次加压—排放操作,会使舱内气体含氧量越来越接近输入的惰性气体。为了在合理的重复次数内使货舱内氧气含量达到要求的水平,必须保证惰性气体的含氧量低于货舱要求的含氧量。另外,在较低压力下多重复几次操作会比在较高压力下少重复几次,较快达到要求。

3.重复真空稀释法

适用于能承受较大真空度的压力式货舱。根据货舱强度要求,将货舱真空安全阀调整到容许的30%~70%的真空度。用货物压缩机重复把货舱抽到允许的负压,然后用惰气填补真空,连续重复这一操作而达到稀释惰化的目的。理论上,如果可以抽到50%真空,那么每一个抽真空过程将使氧含量减少一半。如果惰气质量好,这可能是为达到惰化要求而消耗较少惰气的方法。不过,所需的时间可能比加压方法长些。因为压缩机抽真空能力较低,并且惰性气体发生器对真空度也有限制。

4 连续充气混合稀释法

持续大量的惰气高速充入液货舱内,与舱内气体充分混合减少气囊,然后舱内的混合气体连续排走。只要混合得好,气体从哪进出并不重要。对于全冷式常压液货舱,承受压力和真空能力较小,不适宜用抽真空和加压的方法,特别适用本方法。

对于压力式货舱,用货物压缩机抽取,使货罐保持一定的真空状态,增加惰性气体流入速度,从而使舱内气体与惰气得到更好的混合,减少总的作业时间。

当有许多货舱要惰化时,把这些货舱串联起来惰化就可能减少所用惰气量。这样做也可把管路和设备同时惰化。当然,串联会把惰气的流速降低,从而影响混合效果,具体根据实际情况与需要决定是否串联作业。

三、置换作业

惰性气体的临界温度都很低,不能用LPG船的再液化设备使之冷凝液化,需要用待装货物蒸气去置换惰化作业时留在货舱内的惰性气体,以便让再液化装置有效运作。同样,在换装货品时,也需要用待装的货物蒸气置换舱内上次所装的货物蒸气。

前面介绍的惰化作业方法适用于置换作业,不过,在置换作业中,用来置换的气体与舱内的惰气或将被置换的货物蒸气之间的密度差大于前面介绍的惰化作业情况。

根据置换作业所需的液货或货物蒸气来源,主要有以下两种置换作业方法:

1.在海上利用甲板各用贮罐的液货进行置换

这种方法仅用于设有甲板各用贮罐的大型全冷式或冷压式船。这项操作在去装货港的海上进行置换作业,可缩短到装货港后的装货准各时间。

从甲板贮液罐内抽出与将装运的货品相同的液货,使之在蒸发器中气化蒸发,然后将产生的蒸气送至货舱,置换货舱的惰性气体或上次装载货物的蒸气。

从甲板贮液罐抽出的液货,也可以不通过蒸发器汽化,直接通过设在货舱内上层的液货喷淋管从货舱上部喷入,液货汽化后与原货舱内气体混合,再从排放系统排掉。需要小心控制液货进入液货喷淋管的速度,防止低温液货突然到货舱底部接触到暖的货舱表面引起金属冷脆。

2.利用岸上供应的货物进行置换作业

如果船上未设有各用甲板贮液罐,那么液货舱的置换作业必须靠在装货码头上进行。由于置换作业时排出的货物蒸气可能出现危险,大多数岸站和港口当局禁止在码头、港区内排放。如果不允许直接排入大气,码头必须设有蒸气回流管。通到岸站的混合气体在燃烧装置中烧掉或由回收处理装置处理掉,直到达到合格的作业标准。

如果码头未设有货物蒸气回流管,且又禁止排放的话,一般是船上准各好一个货舱,在岸站装足各个货舱置换作业所需的液货,再移泊到海上进行置换作业和排放。

置换作业进行到货舱内要装载货物蒸气浓度达90%或再液化设备规定的数值时,置换作业才算合格。

图6-3和图6-4分别表示用岸站供应的液体和蒸气进行置换作业的原理图。

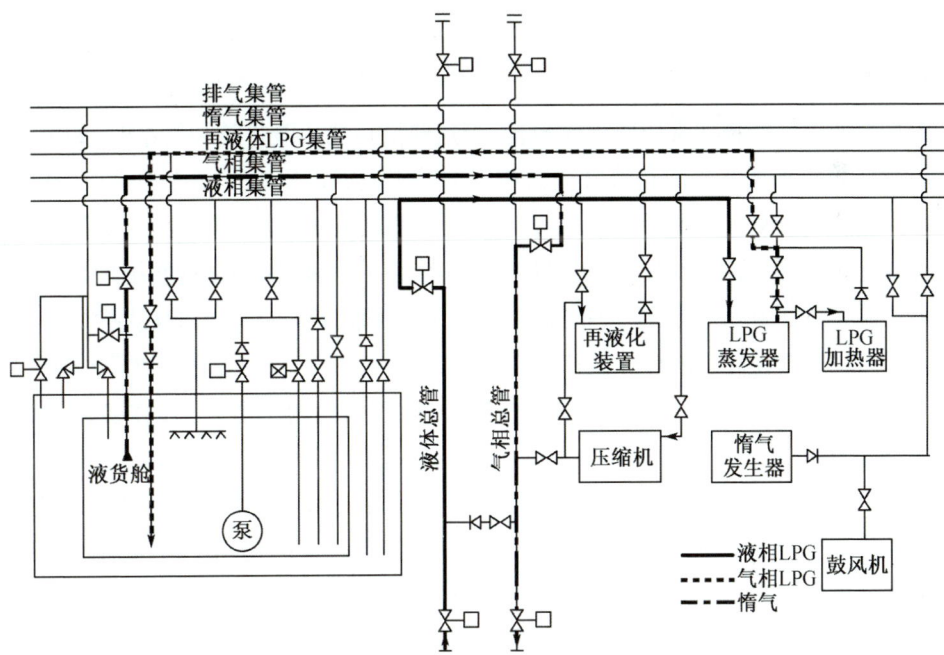

图6-3 岸站供应液相货物的置换作业原理图

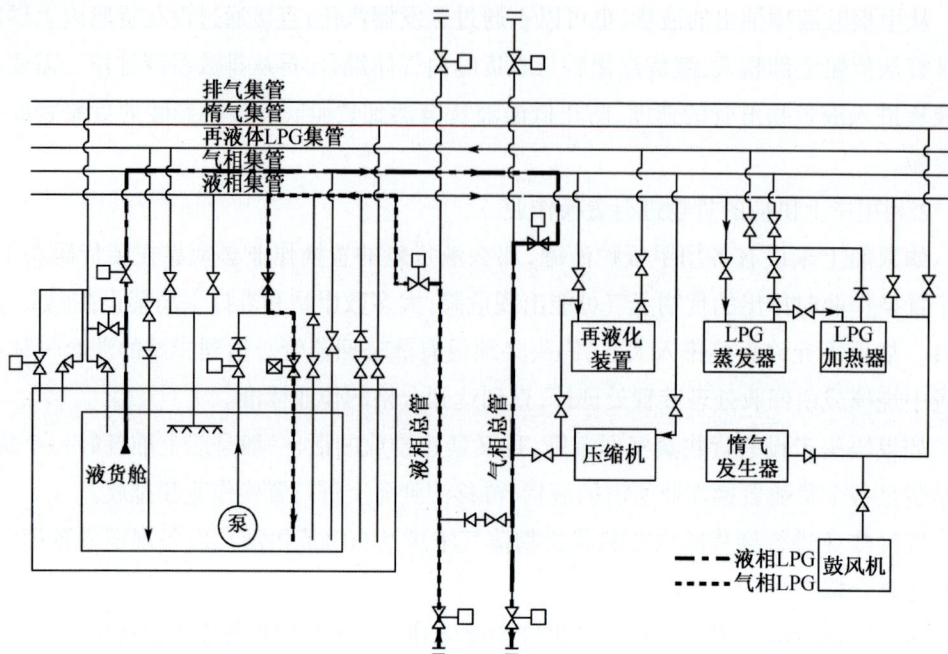

图6-4　岸站供应气相货物的置换作业原理图

四、货舱预冷

大多数液化气货物在常压时沸点较低,当这些液货装入液货舱和管系时,如果液货舱和管系内的压力低于液货的饱和蒸气压力或温度高于液货该压力下相应的沸点,这些液货就会立即大量汽化并处于沸腾状态。大量液体货物急剧汽化,就会从与其相接触的材料中迅速吸收汽化潜热,但这些材料本身热量传输有一个滞后时间,因而在这些结构材料的内部形成较大的温差并引起材料收缩。局部的收缩会使材料内部产生过大的热应力,甚至可能使结构材料产生裂缝损坏。液体大量汽化时,若液体汽化速度大于船上货物蒸气处理能力,货物系统内蒸气压力将迅速升高并可能超过压力释放阀的调定值,引起货物蒸气从透气桅排放。

为了防止货舱和管系产生过度的热应力,在装货前必须使它们的温度逐渐冷却下来,直至接近装货温度,这一过程就称为预冷。货舱预冷的方法是:把岸站或甲板各用的贮罐的液相货物通过货舱内顶部的液货喷淋管以雾状喷入液货舱内,液货在液货舱内迅速汽化吸热,利用液货的汽化潜热来冷却液货舱。根据货舱内的压力和温度控制液相货物的输入速度,液相货物汽化产生的蒸气可通过蒸气回流管送回岸站或通过透气桅排放,也可以用船上再液化装置液化后重新送回液货舱内的液货喷淋管。用船上再液化装置处理这些超压蒸气时,可能会由于置换作业不彻底而遇到残余惰性气体,这些不能液化的惰性气体应按规定排放掉。

液货舱冷却作业应小心进行直到液货舱底部形成一层薄的稳定液货。这主要是从温度表来判断。以装运全冷冻液氨的常压全冷式货舱的预冷为例,液货舱底部形成的一层液货温度约为–34℃,而这时液货舱顶部温度可能是–14℃,实际温度取决于液货舱的大小、喷淋管的位置等。

必须控制冷却速度,防止产生不良热应力。冷却速度受货物围护系统设计限制,应参考船舶操作手册中的规定,一般不大于每小时10℃。对于大型全冷式液化气船,由于再液化装置的液化能力的限制,冷却速度一般为每小时3~6℃。

液货舱装货前所需的预冷温度视液货舱构造材料而定。劳氏船级社规定装货时液舱的最高温度与装进液货的温度间的温差必须小于28℃。

有些大型全冷式液化气船空舱到达装货码头时,需要在码头用两天以上的时间进行预冷作业。为了缩短时间,使液舱处于适合装货的温度,在上个卸货港时不要将液货卸完,留下1%左右的液货供液货舱保冷用。在到达装货港的前几天,在海上即开始循环喷淋使货舱降温,当到达装货港时即可进行装货作业。也可以利用甲板备用贮罐的液货在海上对液货舱进行预冷作业,缩短装货准备时间。如果要更换不相容货种或货主对货品纯度有特殊要求,则必须到达装货码头后依靠岸上提供的液货预冷。

对于货物管系和设备,通过控制液货流量或使液货循环来冷却,使它们逐渐接近装载液货的温度,防止管系设备材料或膨胀接头中出现过度的热应力。

当货物系统预冷时,由于温度的降低会使货舱处所或屏壁间处所的压力降低,应通入干燥的惰性气体以保持必要的压力,虽然这通常是由自动化设备来执行的,但在冷却过程中还是必须定期检测这些处所的压力表。

对于压力式液货舱,要保证待装液货温度不能低于液货舱规定最低温度。同时为防止装进的液货急剧汽化,需要保持货物系统内的压力等于液货在装货温度时所对应的饱和蒸气压,至少应大于液货舱允许的最低温度所对应的饱和蒸气压。这可以在装货前用货物蒸发器使液货蒸发并把货物蒸气送入液货舱内以达到所要求的压力;也可以从岸上引入氮气或货物蒸气以维持货舱内所必需的压力。液货的沸点取决于液舱内的蒸气压力。

如果货舱及管系在装货前干燥不足,里面的气体含有水分或系统内存在自由水,则在冷却过程中会结冰或生成水合物,有可能使阀闸、泵轴等设备冻结。因此,如果不影响货物质量或影响潜水泵的绝缘,就在有关部位预先加入防冻剂。同时在预冷期间,还应经常手动盘转泵轴及阀门,防止冻结。

在装载LPG货物时,如用常温压力贮存的LPG液货预冷作业时,若货品中含有水分,在发生膨胀的地方就会形成冰或水合物,所以如果事先认为货品含有水分后,应预先添加防冻剂来防止冻结。

第七节 装货程序

开始装货作业前,应严格遵守有关安全作业的管理规定。船岸双方交换必要的资料,填妥船岸安全检查表,特别注意检查装卸关键设备的状况,检查试验液货舱压力释放阀、遥控应急停止系统、在液化装置、货物气体探测报警装置、液位及温度压力测量装置及其他的报警控制装置等处于正常良好状态。

必备知识

一、装货前的准备

1.装货前大副及二副在靠泊时应指派人员在艏艉的外舷显示红旗并按照《系泊设备指南》中的应急拖缆放置要求放置好应急拖缆。

2.大副会同岸方按《船/岸安全检查表》检查,商定好船岸通信方法和应急信号,做好记录,若有缺陷应立即报公司经营主管。

3.值班驾驶员应检查货物系统的仪表、液位计,可燃气体探测器处于正常工作状态,电台天线已经接地,安全阀已正确调定,并将检查情况报告大副。

4.大副会同电管人员测试高位\高高位报警装置、甲板水喷淋系统、易熔塞系统和应急切断系统,并将测试结果填入"RCM0105-08货物作业前的各系统测试记录"。

5.大副应会同商检/岸方进行计量,取得相关货运单证。

6.轮机长应指派机舱人员盖好排烟管金属防护罩及机舱天窗。检查压缩机、货泵、阀门、液舱安全阀等情况是否正常,还应使液压系统、通风系统报警及控制系统处于工作状态。此外应按当地规定做好船岸间的电气连接。

7.值班轮机员应检查机舱锅炉、烟道、排气总管、燃烧设备和烟囱防烟网罩等,确保其处于良好状态,检查完毕后应向轮机长报告。

8.准备工作中发现异常情况时应立即处理,并报告船长。

9.大副陪同商检对船上现有的液货和气体进行计量,具体计量过程见3.5,大副和商检共同出具"RCM0105-09船舶计量报告"。

10.完成船岸安全检查,值班驾驶员应按照"RCM0105-10货物作业准备工作核查表"中的各项内容进行核查,确认船舶各项准备工作已经完成,在取得主管机关的同意后,大副可安排船岸连接。

11.船/岸连接

(1)货物总管接头区域操作过程可能有货物蒸气泄漏,因此应特别小心,要确保不存在点火源。

(2)使用工具接拆管时要轻拿轻放,谨慎操作,防止铁器掉落甲板面产生火花;在开阀门时,应小心,防止撞击。

(3)拆卸管路的法兰或盲板时,必须排空管路的液体,确认压力为零时,方可拆卸。

(4)如船岸之间采用接地电缆作防静电连接,则接地电缆应在软管连接之前装妥,在软管拆开之后才能解脱,并应在作业期间内保持连通。当设有绝缘法兰或不导电软管时,就应保证不会有其他金属与岸上接触而产生火花。

(5)要小心避免空气或污染物进入管路;必要时应进行置换。

(6)启动应急截止阀。

(7)试压、试漏:用氮气或用船或岸一方(取压力较高一方)的蒸气试压无泄漏,方可开始装卸作业。试验压力一般应达到最大装卸货压力的1.5倍,结果应记入"货物装卸作业记录"。不准用明火试漏,试漏工作可用肥皂水进行测试。

(8)管线置换:用惰性气体或货物蒸气将连接管线段的空气清除。此操作可结合试压、试漏进行,一般二到三次即可达到目的。完毕后将此段排空。

(9)开阀:在得到对方"准备"的信号后,船上应将液相总管、装货支管和进入液货舱管处的截止阀打开,保证液货能顺畅地进入液货舱。

(10)如果需接岸上的气相回流管,也应将相应的气相阀打开,保持需连通的液货舱与对方气相管的连通。

二、装货操作

1.船岸检查表的完成

码头长上船与大副填写船岸检查单,双方签字确认。按要求重复检查并记录。确认装货数量、品种、速度、通信方法等。

2.注意交换双方的信息(最大速率、背压、扫线方法等)

船方与码头确认装货数量、品种、速度、背压、扫线方法、通信方法等。

3.装卸臂或货物软管的连接

1)货物作业前的船岸软管/装卸硬臂的连接

连接船岸气、液相软管或装卸硬臂时,要对软管或装卸硬臂内的空气置换。条件允许时直接用惰性气体置换;若用货物蒸气直接置换空气时,应小心操作,混合气体最好通过船上透气桅排放。

空气置换合格后,再对软管装卸硬臂的连接处进行试压试漏,在规定压力下无泄漏为合格。

2)货物作业完毕后船岸软管/装卸硬臂的扫线和拆卸

(1)拆卸货物软管/装卸硬臂前,必须先进行扫线作业。扫线的基本原理,就是将需扫除的部分管线内液货压力升高,高于储存的容器,使液货回到指定的容器。方法通常有以下几种:一是用货物压缩机升压,利用货物蒸气压力将液相管道内的液体货物压回液货舱或岸上货罐。二是利用氮气从硬臂的底部或软管的一端口喷射入,利用氮气的压力将液货吹扫进船上或岸货舱。三是憋压扫线,就是在装货过程中,人为制造出不同货罐的压力差,利用自身的压差来提高被扫除管线的压力,扫除管线内的残液,此方法运用的前提是,岸方必须接受货物蒸汽回流,否则无法进行。

(2)软管/装卸硬臂的残液处理完后,打开船上排空管等,将软管/装卸硬臂内的货物蒸气排空,直至管内的压力为零时,才拆卸软管。拆卸动作应平缓,同时不准向软管/硬臂内窥视,拆卸软管/硬臂后才允许拆除船接地线(如设有)。

(3)拆卸接头和盲板时注意避免空气和污染物进入货物管路。

4.开始装货时的注意事项

(1)船舶靠码头装卸货前所必须采取的安全措施

①消防总管试验并保持压力;

②水雾系统试验,备妥待用;

③在装卸总管接头附近接妥两根消防水带,保证随时可用;

④干粉装置或干粉灭火机各要随时可用,干粉软管全部从架上拉出,干粉枪方向对准装卸区域;

⑤驳载中,通至居住处所的门,除了船长指定供工作人员通行的门外(一般使用试验外舷或艉部的门),其余全部保持关闭;

⑥遵守吸烟规则;

⑦如有外加电流阴极保护装置,应在开始驳载前至少3 h关掉;

⑧将急救药箱、保护服、呼吸装置和氧气复苏器做好使用准备;

(2)货物装卸作业前的其他准备工作

在货物输送开始之前,负责的高级船员应确保本章以上所述的预防安全措施均已得到严格遵守,并且:

①当地的各种规则已了解清楚并已遵守;

②已与液化气站的负责代表就下列事项协商确定:

(i)必须使用的信号——"准备""开始作业""减速""停止作业";

(ii)泵送的速率;

(iii)泵送或装载的顺序;

(iv)火警或其他应急情况下应采取的行动;

(v)应急关闭的程序:船上的系统应已做过试验,并已将船上的切断阀的截止所需时间预先通知岸上。如果船和岸的应急截止系统已被连接起来,则其功能应经试验;

(vi)登船通道及对吸烟的限制。

③当需要时应有足够的照明以提供安全工作的条件;

④通风系统按照需要在运转中;

⑤固定式气体检测系统已按所运货品校正,并已在工作;

⑥对消防设备已做过试验并处于即刻可用状态,如需要时还应包括水雾系统;

⑦人员防护设备已经核查,呼吸器气瓶已充满,滤毒罐式防毒面具的适用滤器已分发并装好;

⑧按照需要已将防护服和呼吸器穿戴好或处于即刻可用的状态;

⑨在货物区域内没有未经许可的工作在进行,无关人员已离开货物区域;

⑩如果这种货品不允许使用限制式的液位计(例如滑管式液位计),则应将这种液位计固定在关闭位置;

⑪如压力释放阀是可调式的,则应正确调定;如装设的是多调定值的压力释放阀,则应选用正确的调定值;

⑫透气系统中的防火网或类似的装置是清洁的,并且不会阻碍气流;

⑬对于要求惰化的处所其含氧量已低于规定的最大值,并在整个货物驳运期间能对这些处所供应惰气以维持少量的正压;

⑭如船岸之间采用接地电缆,则应在接软管之前接好;如果是采用绝缘法兰,则其绝缘应未损坏;

⑮货物软管、装卸硬臂和密封衬垫是适合于这种货物的,并且处于良好状态;柔性软管已由适合的装置正确悬吊,确信不会受到过度的弯曲,也不会给接岸总管以过大的拉力(特别是当加接了无支托的异径接头时),并已经注意到不会损坏机械装卸臂,且船岸之间连接法兰已由负责货物的高级船员专门检查;

⑯防滴盘已放在接岸总管的接口下面,其泄放阀已关紧;如要求泄放,用于泄放溢出液的软管已接好;

⑰所有管路、滤器、装置、仪表和控制设备都已查验过并处于良好的工作状态;

⑱参与装卸的人员都已知道由谁负责,按照指令开关阀门和停止或启动设备;

⑲船上的管系已按相应的作业调定,同时阀门已查对过;如设有艉部装卸管路而不准备使用,则应被隔断;货物系统与船上的惰性气体装置连接的可拆管段或软管已被拆除,并用盲板妥善封住。

另外,船岸安全检查表上的内容也需逐项检查,并确保每一项内容均满足要求。

5.正常装货时注意事项

(1)船舶靠妥后,必须按《船/岸检查表》做好全面的安全检查工作,装卸作业的开始必须在大副和岸上负责人的指挥下进行。

(2)只有负责检查人员报告正常后才能开始作业。

(3)值班驾驶员在装/卸作业全过程,始终在现场监视开关阀和输液臂情况。

(4)控制好初装和平舱装货速率。

(5)如压力过高,应降低装货速率、开启喷淋、启动压缩机或停止装货。

(6)每小时记录货舱液位高度、温度和压力,计算出货量与速率。

(7)每两小时观测吃水。

(8)按《船岸安全检查表》要求完成重复检查。

(9)根据潮汐和装卸货吃水变化及时调整缆绳和防火缆高度。

(10)尽可能不使用滑管进行液位高度观测(如有其他液位计)。

(11)做好人员控制,拒绝无关人员登船。

(12)注意过往船只对本船的影响,采取必要的措施。

(13)在货物作业中,悬挂必要的警告牌,以引起驶近船舶注意,确保安全。

(14)观察相临泊位作业情况,发现异常,报告船长,做应急离泊准备。大副同码头负责人协商是否立即停止作业。

(15)发现有货物泄漏,立即停止作业。

(16)一旦作业中发生故障,应立即报告大副和岸上货物作业负责人,并尽快通知船长,采取果断措施。

(17)在作业中,除非有特殊准许,否则,不准装/卸其他物品或危险物。

6.平舱时的注意事项

(1)达到装货数量的95%时,进行平舱作业。

(2)完货前半小时,应与岸方联系,根据装货的速度适时减速。

(3)开关阀门要正确,迅速。

(4)保持船/岸和船上内部通信畅通。

7.装卸臂或货物软管的拆除

(1)出口阀压力表确认回零时可拆管;

(2)先拆下部螺丝确认无液货后方可拆管;

(3)使用铜制工具;

(4)防护手套、护目镜等;

(5)岸臂或软管牵引绳要控制好,以避免伤人;

(6)作业现场的甲板使用软胶皮覆盖,防止碰撞火花。

8.货物的测量与计算

(1)取样,与商检或货主共同进行采集现场数据。取样时,为获得较为准确的样品数据,可通过滑竿液位计,从不同液位处采集。

(2)计算装货量。

(3)确认无误后签字。

(4)当装货数量发生争议时应立即报告船长,不可盲目签字。

9.装货时的应急事故处理

(1)高高位报警

当装货量达到舱容98%时高高位报警,应急截止阀自动关闭。因此平舱时要加强值班小心谨慎。立即停止装货将多余货物驳至低位货罐。然后将报警装置复位,重新装货。

(2)应急截止阀失灵

当应急截止阀故障或压力较低不能正常开启时,没能及时发现可造成装货管线破裂或岸泵损坏。应立即通知岸方停止装货,可采用手动液压开启重新装货。

(3)货管破裂

由于潮差影响,风力较强,涌浪,吹开风等影响,容易造成货管断裂,应加强值班,及早发现及时处理,及时停止装货。

(4)货舱高压

当装货速度较快,温度高,货舱压力过高,应降低装货速率、开启货物喷淋、启动压缩机,开启甲板海水喷淋或停止装货。

扩展知识

一、装货作业原理

装货时,岸上货物从货物软管或装卸硬臂经装货管输入液货舱内,装货液相管是直通到货舱底处。如果液货舱已被冷却,通常是把装入的液货分流一部分到舱内的液货喷淋管(如设有时)喷洒以减少舱顶到舱底间的温度梯度并使蒸发率均衡,同时使货舱内部分货物蒸气凝结,这也可控制装货时液货舱内压力的升高。

随着舱内液位升高,由于以下原因货舱内蒸气压力会升高:

1.蒸气被注入的液体压缩;

2.热量通过液舱壁传给液体而产生蒸气;

3.热量从船和岸上的管路及岸上的泵传入而使液货产生蒸气。

对于全压式和冷压式的船,只要液货在装载温度下,其相应的饱和蒸气压力低于货舱压力释放阀的调定压力,在装载期间的蒸气压力升高可通过采用液货喷淋装载的方法来降低。

对于全冷式或冷压式的液舱,蒸发和被置换出的蒸气或是回输到岸上,或由船上的再液化装置液化。当用蒸气回流管装货时,把液货通过液相总管送到船上,输入适当液货舱内,超压的蒸气通过蒸气回路送回岸站。在这种情况下,装货速度与船上的再液化装置的液化能力无关,取决于岸站所能处理蒸气的能力,在大多数情况下,岸站的再液化装置能力远大于船舶的,所以用蒸气回路的装货速度通常大于不用蒸气回路的,图11-5和图11-6分别为有无蒸气回路装货的示意图。

由岸上向船上装载液化气时,必须考虑岸站的液货贮罐的位置、压力、温度、容积和货泵的影响。如从岸上装载全冷式丙烷,一般岸上贮罐内的工作压力为60mbar,在此贮存压力下,岸罐底部的丙烷液体饱和温度比标准大气压下的沸点高1℃左右。在泵送液货装船时,货泵运转消耗的能量以及从装货管线及液货舱传入的外界热量均会使装载液体货物温度升高。船上再液化装置除了要处理这些额外的热量外,还要液化被液货置换的货物蒸气(如没有货物蒸气回流管时)。这样,在装货过程中就没有能力用于货物的制冷降温。

装货开始阶段液货必须缓慢装入,并且应监视液舱的压力、温度变化。待温度、压力稳定后再逐渐提高装货速度至正常水平。船上必须定期检查液货舱的压力、温度和液位是否在允许的范围内,屏壁空间压力是否正常等。当再液化装置工作时,货舱内液体沸腾汽化,液位测量不准确。如欲取得准确液位,可关闭货舱到再液化装置的货物蒸气出口阀门,抑止液体沸腾。

船上液货舱的压力在装货过程中会升高,必须定期检查,采用必要措施,无论如何均不得让压力释放阀起跳。当保持容许的液货舱压力有困难时,应减缓装货速度,必要时停止装货。如果置换作业不彻底,可能会存在大量不可用再液化装置冷凝的惰性气体。在无货物蒸气回流管送回岸上时,这些不可冷凝的气体必须从再液化装置的货物冷凝器或排气冷凝器顶部排走,否则将影响再液化装置工作。在排放这些不可冷凝气体时,尽量减少货物蒸气被排走,当冷凝器内的压力逐渐降低时,注意调节排放阀,排放完不可冷凝气体后,关闭排放阀。装货期间定期检测液位并估算实际装货速度及预计装货完成时间。在装货期间,应注意防止液压冲击的危险。

如果两个或更多液舱同时装货时,必须防止各个货舱同时装满,要有一定的时间差以便有足够的时间测量和关闭阀闸,这可通过调节各液舱装货管阀门来达到一定时间差的目的。装货作业快结束前15~30 min,应加强与岸站联系,减低装货速度,准确把货舱装到预定液位。如果是采用滑管式液位计,可事先将滑管式液位计设定在预定的液位高度处,当滑管喷出液体或高液位报警装置动作时,即停止液货舱装货。全部货舱装货完毕,应进行扫线作业,扫线作业完毕后,进行排空泄压操作,才能拆卸货物软管或装卸硬臂。

有些船舶的货舱压力释放阀有两个设定值,以便在装载时允许用较高的那个压力值。在船出海前,当液舱内货物蒸气压力降回到正常水平时,应将压力释放阀重新调整回到海上规定的较低压力调定值。改变压力调定值时,必须按照规定的程序并在船长的监督之下进行,要将这一变更记载于航海日志中,并应在压力释放阀上和货物集控室等地方显著地标明新的压力调定值。

二、获取有关货物资料

船长应在装载之前尽早取得所要装载货物的正确技术名称。如果资料表中没有这种货物的足够资料,则船长应取得为正确运载所必需的足够的补充资料。

船长和所有有关人员应利用资料表和其他有关资料,使自己熟悉要装载的每一种货物的特性。如果装载的货物是混合物(如LPG),应得到这一混合物的组分资料,并用岸罐的温度和压力读数验证这一资料。

如果缺乏安全运载所必需的资料,应拒绝装载;如果货物已被抑制,但没有关于抑制剂的详细情况的适用证书,则亦应拒绝装载。对货物可能存在的任何污染应给予特别注意,例如水。

IGC规则规定船上应备有适用于每一种适装货物的下列资料,主要是为货物安全运输提供必要的数据,具体如下:

1.一份为货物安全围护所必需的物理和化学性能的详细说明;

2.发生溢出或泄漏事故时需采取的措施;

3.防止人员与货物意外接触的防范措施;

4.灭火程序和灭火剂;

5.货物驳运、气体清除、压载、清洗液舱和更换货物的程序;

6.安全装卸特种货物所需的特殊设备;

7.内层船壳钢材的最低温度;

8.应变程序;

9.相容性;

10.可能装载的每一种货物在各装载温度下的最大充装极限、最高基准温度、以及每一压力释放阀的调定压力值等详细资料。

三、参与货物作业的人员还应特别注意以下的操作建议

1.出现紧急情况,应立即停止装货作业;

2.在整个装载作业中所有固定式的气体探测设备均应工作;

3.在装载初期,注入的液货可能会相对较热,而使产生的蒸气量超过再液化装置或蒸气回输的能力。在装载期间应定期观察液舱压力,并在压力接近压力释放阀调定值之前就适时降低装货速度。

如在降低装货速度后仍未能减少压力升高,则应采取下列措施:

(1)立即停止装货作业;

(2)立即实施所有消防安全措施;

(3)通知液化气码头采取适当的措施防止影响到岸站的安全;

(4)将超压的货物蒸气从透气管排放形成自行制冷,从而使货物的温度和压力降低(仅适用于紧急情况下,日常禁止此操作)。

4.液舱装低温液货可能会造成货舱或屏壁间处所的压力降低,因此应持续地监测,并补充惰性气体或干燥空气以维持压力;

5.应在整个装载期间监视液舱内的液面读数,假如在一段时间内读数不变,则表明可能有故障存在并应予以查明。舱内压力亦应在整个装载期间小心监视;

6.在货物装卸期间,人员应了解低温的危险性,应按需要穿戴手套和防护服;

7.通常在装载过程中要排出压载水,应遵守有关"压载和排压载"预防措施。

如果同时装载两种或多种货物,需相互分隔以防污染或发生化学反应。如果装载时使用同一套管系,则装完一种货品后应扫线。如有可能,每一种货物分别使用一套独立的再液化系统。如果两种货品之间会起化学反应,必须使用完全独立的货物系统,例如用可拆短管或管段的办法使之完全隔离。如果不能确定两种货品之间是否会起化学反应,则应询问货主或其他有关方面的意见和参考货物资料说明。如仍然无法证实两种货品是否相容,则把这两种货物看作是不相容来处理。同时,应遵守下列预防措施:

(1)所有管系和设备在一种货物用过之后,另一种货物使用之前,应该先扫线除气。

(2)所有临时装设的管子在不用时应拆卸分离,这一点尤其适用于惰性气体和货物管系间的临时连接管以及甲板各用贮罐连接的液体和蒸气管。

(3)两种不同的相容货物装在相邻的系统内,则其间至少要用两个阀门把连通管隔断,或者最好是用盲板加以隔断。

(4)如果所运载的货物之间会起化学反应,则负责的高级船员应保证每一种货物的管路系统是与另一种完全隔离的。

第八节 在港与航行中的货物控制

要点

液化气船货物装船后要控制保证货物的质量和安全,主要体现在三个方面:

1.保持货物的数量,控制不必要的货物排放;

2.保持液货舱的蒸气压力在压力释放阀的调定值压力之下;

3.根据需要保持或改变货物温度。

必备知识

一、温度、压力控制

装货航行。液化气船在装货航行期间,必须进行货物状态控制。这包括了三方面内容,即:(1)保持货物数量,控制不必要的货物排放;(2)保持液货舱的蒸气压力在压力释放阀的调定值压力之下;(3)根据需要保持或改变货物温度。

对于全压式液化气船,装货航行比较简单。按规定装货结束后关闭有关阀门,就无须为货物的情况担忧。在整个航行过程中,液化气靠自身蒸气压力始终维持液体状态,不需消耗能量。只是在环境温度太高,或货舱内压力升高接近压力释放阀的调定值时,才对液货罐的外部喷淋降温,防止压力释放阀起跳而引起危险。另外航行期间要定期注意检测货罐内的温度、压力、液位等读数,发现异常应立即查明原因并妥善处理。

对于全冷式或冷压式液化气船,其货物状态控制比全压式液化气船要复杂得多。除LNG船外的液化气船,它们是利用再液化装置把货物蒸气再液化并输回液货舱来进行货物状态控制。而LNG船则是把货舱内的货物蒸气送到机舱推进系统内燃烧或通过透气桅排放的方法来控制货物的温度和压力的。

1.利用再液化装置进行货物状态控制

在航行过程中,由于液货摇晃产生的热量和外界传给液货的热量会使液货舱内液货温度不断升高,蒸气压力也随之不断升高,必须用再液化装置液化货物蒸气,将液货温度和蒸气压力降低到安全的范围。如果为了满足卸货岸站对货物温度的要求,使货物温度低于岸站贮罐温度,则液化气船在航行途中要启动再液化装置来降低货物温度。根据货物种类和再液化装置的能力,货物降温速度不同,对于大型的LPG船,往往需要数天时间才能把液货温度降低1℃左右,不过,这也许足够了。

当海况平静船舶不摇晃时,由于液舱内蒸气空间小,液体不流动,再液化装置处理出的冷凝液货全部由货舱内顶部的液货喷淋管注入时,会在舱内液面形成一层冷液。这就使再液化装置只运转几个小时后蒸气压力就降低了。但实际上液货舱内的液体温度并没有下降。为了避免这种情况,充分利用再液化装置的制冷降温能力,从再液化装置输回来的冷凝液应通到货舱底部,使货舱液货搅动。当货物冷却降温到要求程度后,再液化装置的主要作用就是抵消掉从外界通过保温层传给液货的热量,这时再液化装置只需要断续运作即可满足要求。

如果再液化装置同时对几个货舱工作,它的冷凝液就应均匀回流到各个货舱。工作过程中定期检测各个液货舱的液位,防止个别液货舱超载。

当装运某些不饱和的货品时,为防止高温聚合或其他反应,需要限制再液化装置的货物压缩机排出温度,根据货物的具体要求设置温度限制开关。在换装其他货品时将温度限制开关的调定值重新调回正常值。如装载丁二烯,货物压缩机的排出温度不能超过60 ℃;装运乙烯时,货物压缩机排出温度不能超过90 ℃。

对于沸点温度不太低的货物,如LPG,通常用单级制冷即可液化;对于沸点较低的货物,如乙烯,就要用双级制冷才能液化。

启动再液化装置时,应先向货物冷凝器中通入冷却水或启动制冷剂循环系统(设有时),再启动压缩机。在作业中应定期检查再液化装置的液位,防止由于控制阀或膨胀阀操作不当引起储液器或货物冷凝器中的液位过高。

货物压缩机及其他货物机械使用的润滑油必须与货物相容,并适合于作业中和作业停止后的温度和压力。

应小心防止液态货物进入货物压缩机内。如船舶摇晃严重时可能会要求停止压缩机工作。在某些情况下,在液货舱内进行液货喷淋降温时,货物蒸气会夹带有液体货物,需小心操作。

操作再液化装置的货物压缩机时,应严格遵守设备说明书中的操作规定,运转过程中应定期检查下列项目:

(1)吸入和排出压力(如多级压缩机则为每级之间的吸入、排出压力);

(2)滑油压力;

(3)压缩机吸入口和排出口气体温度;

(4)电动机电流;

(5)轴封漏油;

(6)冷却水温度。

2.利用货物蒸气作燃料进行货物状态控制

IMO规则不允许把货舱超压的LPG蒸气用作机舱动力燃料。必须将其再液化后输送回液货舱。而LNG船通常不装设再液化装置。LNG船控制货物温度和压力的主要办法是将LNG蒸气送到机舱用作推进系统的燃料燃烧。允许这样做是基于以下两个原因:

(1)LNG蒸气在常温常压下比空气轻,当在机舱等封闭处所内泄漏时,能从排风口或天窗排走。而其他货物蒸气在常温常压下大多数比空气重,或货品对人员健康与设备安全有危害,所以仅仅是LNG蒸气允许用作机舱燃料。

(2)LNG的再液化装置需要很复杂的制冷循环,并且消耗功率也很大,所以LNG船一般不设置再液化装置。如果设置了,一般是为了用于载运其他液化气货品。

LNG货物蒸气可以用于锅炉、双燃料柴油机或燃气轮机燃烧使用。维持LNG液货舱压力处于正常的水平,除了将货物蒸气燃烧处理外,还可以通过透气桅排放(或两者兼具)。决定是将货物蒸气用透气桅排放,还是用作燃料取决于许多因素,包括经济上的原因,也有是规则要求的。有些港口,不允许货物蒸气排入大气,而在进港、狭窄航道等限制水域时,又可能禁止用货物蒸气作燃料,要换成燃油。

在装货航行中,货物的汽化量取决于环境温度、压力和海况的变化。装货航行时一般为每天 0.2%。而在压载航行时则为每天 0.11%。如果 LNG 中含有少量的氮,氮会先蒸发汽化。

在使用货物蒸气燃烧系统和排放系统时,须注意液货舱内压力和屏壁空间压力等必须维持必要的正压,以防止空气渗入。

二、蒸发控制

液化气货物都是易挥发货物,货物由液态变成气态其体积扩大 600 倍,所以一定要控制好货物的蒸发,控制好货舱的温度和压力是控制货物蒸发的基础,货舱内的货物是在当时温度和压力条件下保持动态饱和。

三、抑制货物聚合反应

液化气中好多货物是不饱和的,都有聚合性,如何有效抑制货物聚合至关重要。这些货物在装卸和整个运输过程中,需要在货物中添加抑制其聚合反应的抑制剂,在装货港船方要核实抑制剂证书的有效性,特别关注抑制剂的有效期。

四、对货物的监控

货物操作是最容易发生事故的,所以在货物操作期间,值班驾驶员需要每小时对货物的温度、压力、数量进行记录,达到时时监控。

航行期间大副每天需要对货舱的温度、压力检查,并做好记录。另外,驾驶台和货物控制室都有货物控制面板,如果货舱温度和/或压力超过设定值时就发生报警,对于报警要认真对待,查明真相,做好应对措施。

五、对船舶状态的监控

1.液化气船与其他船舶一样,船舶的稳性、吃水、吃水差、纵倾、横倾、剪力和弯矩都要保持在安全范围之内。

2.货物操作期间,船舶状态变化大,尤其需要控制好船舶稳性、剪力、弯矩和横倾斜,每小时船舶状态就行计算和记录,并且安装卸货物计划做好船舶状态的预算工作,一般情况下每四小时预算一个船舶状态。

3.靠泊期间,由于货物装卸、潮汐、潮流气象等因素影响船舶吃水改变,相对于码头高度的变化容易造成输油臂/货物软管和舷梯的损坏,要根据这些变化因素及时调整缆绳、舷梯和输油臂/货物软管。

4.航行期间由于油水消耗及压载调整,船舶状态与装卸作业结束时会有所不同,在压载作业前需要根据压载计划作出船舶状态预算,保证各项指标在安全范围之内,自由液面对稳性的影响应考虑在内。

六、LNG 船蒸发气的燃烧处理

载货航行时的LNG蒸发气(B.O.G.)燃烧控制:

在装货过程中自然汽化的货物蒸气将被送至机舱锅炉中进行燃烧。各舱中的蒸发气通过旁通管或者LD压缩机由气穹进入气相总管,之后被送至燃气加热器加热至45℃后方可送至锅炉燃烧器使用。如果在载货航行过程中船舶需要使用100%的蒸发气作为锅炉的燃料时,则另外所需的LNG蒸发气将由货舱内的扫舱泵将LNG液货送至强制蒸发器进行强制汽化产生。在此过程中强制蒸发器将和LD压缩机并联使用。

第九节 液化气船的卸货方法

要点

卸货方法取决于船舶类型、货物种类和岸站要求等。常见的有三种方法:

1.用货物压缩机卸货;

2.用货舱内的离心泵(潜液泵/深井泵)卸货;

3.用货物压缩机与货舱外的离心泵联合卸货。

必备知识

一、液化气船的卸货方法

当船舶到达卸货码头时,液货舱内的货物温度与压力如果满足收货岸站的要求,会取得最大的卸货速度。开始卸货前,与装货准备工作一样,要做好安全措施,包括船/岸交换资料、船岸安全检查等。

1.液货泵单独卸货

单用货舱内的离心泵(潜水泵/深井泵)卸货是大多数液化气船所采用的卸货方法。卸货过程中,随着液货舱内液货不断卸走,舱内液货蒸发汽化速度比不上气相空间增大速度,液货舱内压力会降低,而岸上接收货罐内蒸气压力由于液位上升被压缩而升高,阻碍液货从船上输到岸上。如果岸上设有蒸气回流管,可连通船岸货舱的气相管,将岸上货物蒸气流回船上卸货舱,平衡货物蒸气的压力。

如果岸上收货液罐内的货物蒸气不能回流到船上,而船上卸货舱内的液货蒸发速度又不足以平衡液货卸出量时,就必须增加货物蒸气到卸货舱,以防止货舱出现负压和保持货泵运转时所要求的吸口压力。这些额外的货物蒸气无法由岸上供应时,就可以由其他非卸货舱供给,同时也可以在船上用货物蒸发器产生。液货从卸货管路取来,通过货物蒸发器汽化后送回卸货舱。图6-4表示有货物蒸气回流管的卸货作业,图6-5表示无货物蒸气回流卸货作业。

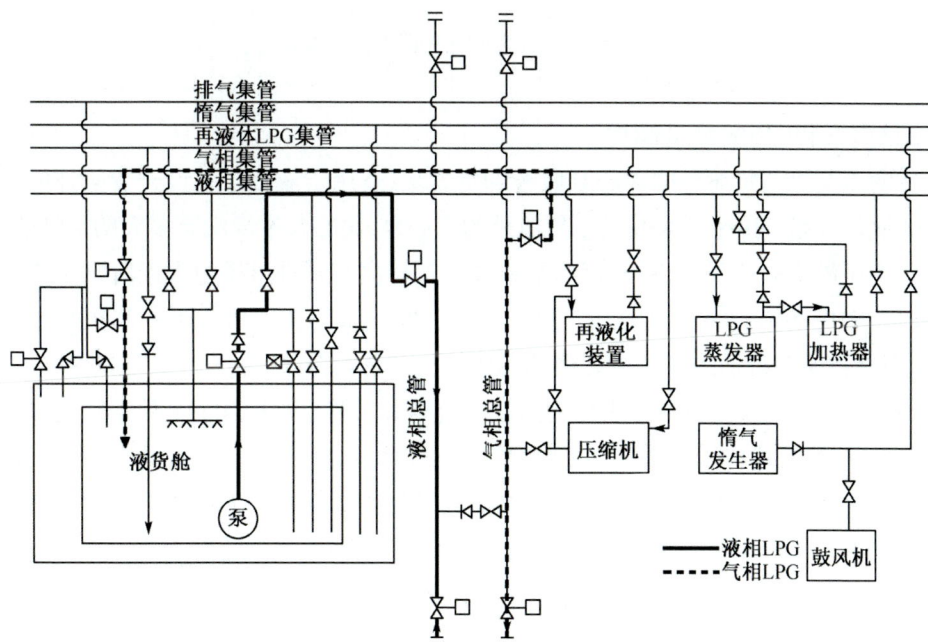

图6-4 有货物蒸气回流管的卸货作业

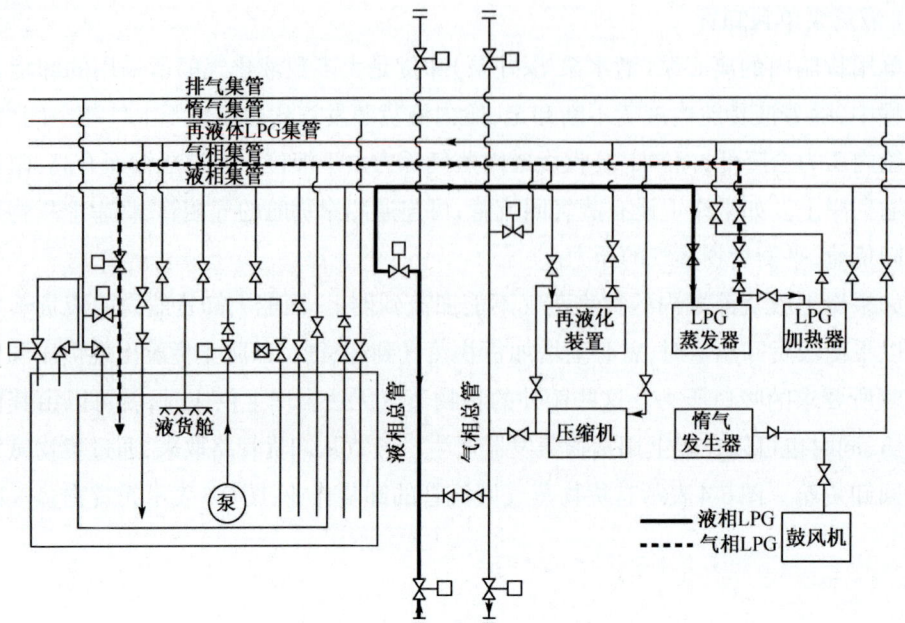

图6-5　无货物蒸气回流卸货作业

2.液货泵和压缩机联合卸货

货物压缩机与货舱外的离心泵联合卸货方法,适用于液货泵装设于货舱外的压力式或冷压式液化气船。由于货泵是设于货舱外的离心泵,离心泵本身没有多大的干吸能力,必须利用货物压缩机升压引液,并利用压缩机加压保持离心泵进口压力大于所泵送货物在卸货温度时所对应的饱和蒸气压力,防止离心泵气蚀、气塞而卸不出液货。其作业过程是这样的:利用货物压缩机抽吸岸站或其他非卸货舱内的货物蒸气,加压后送入卸货舱内,使卸货舱内的压力增大而岸站收货罐内压力降低。货罐外的离心泵排气引液使液货充满进口管路和泵体后,当货泵进口压力满足要求时,就用泵卸货。

在卸货过程中压缩机要保持运转,保证货泵的进口压力大于货泵运转所必需的最小净压头(NPSH),使货泵保持高效率运转。同时由于货物压缩机的运转也使船岸货舱产生压力差,达到前面介绍的单用货物压缩机卸货的效果,从而加快卸货速度。

3.离心泵和加压泵联合卸货

(1)货舱内的离心泵与甲板上的增压泵串联卸货

甲板上的增压泵大多数也属于离心式货泵,包括竖式增压泵和卧式增压泵。当货舱内的离心泵不能克服系统的背压,或者只能在极小排量下供液而导致效率降低、工作不稳定时,需采用串联泵的方法卸货。串联运转时系统的总压头等于在该排量下各货泵压头之和。当泵串联运转时,可将各个泵的特性曲线合并而成泵串联运转时的特性曲线,图11.12表示两台泵的曲线合并成串联运转的特性曲线。它是把每个排量下相应压头相加而得两台泵的串联运转压头。串联运转的货泵必须有相近的特性。否则,负荷不均匀,效率低。实际上,系统的背压及卸货管路内的流动阻力决定了货泵的实际流量,货泵串联作业时所取得的总压头比各个货泵的压头简单相加所得的结果要小得多。

甲板上的增压泵启动前与一般离心泵操作一样,必须先引液,并提供了充分的液体吸入压头。在卸货过程中保证主卸货泵维持有足够的吸入量给增压泵。

(2)货舱内的离心泵与甲板上的货物加热器和增压泵串联卸货

当货物从冷冻船输入常温压力储罐时,往往需要把所卸货物加热。这就要把货物增压泵和货物加热器与主货泵串联使用。为了启用增压泵和加热器,需要使海水先流过加热器,然后,从主货泵排出的液货小心流入增压泵和加热器,使设备在卸货前慢慢冷却。一旦冷却后,把排出阀开启直至达到所需液货的出口温度。卸货过程中保证主卸货泵提供足够的流量和压力给增压泵。在货物加热过程中,若操作不当,会引起加热器循环水结冰的危险。卸货作业中,在检查货物出口温度和增压泵吸入量的同时,要注意海水进出口温度和压力。海水出口温度不允许低于制造厂推荐的限度。

4.压缩机单独卸货

这种方法于仅适用于压力式货舱,实际上是加压气相,输送液相。

其卸货过程如下:用货物压缩机抽出岸上货液罐或船上其他非卸货舱的货物蒸气,经过货物压缩机加压后送到卸货舱内,使卸货舱的蒸气压力不断升高,岸上收货罐内的压力不断降低。当船上卸货舱内的压力比岸站收货液罐的压力高于一定数值时,连通船岸液相管线,利用船岸货罐的压力差即可将液货从船上货罐输往岸站收货货罐内。

这种单靠货物压缩机卸货的方法比较慢,只限于少数不装设液货泵的小型压力式液化气船。如果货泵损坏,压力式液化气船也可以用这种方法代替货泵卸货。同时有些货物(如环氧乙烷)不能用泵,只能用蒸气压力方法(置换法)卸货。

对于用货物压缩机卸货的另一种变通方法,是用货物压缩机把液货从货舱内压送到甲板贮液罐中,再由此用泵卸到岸站收货罐内。

第十节 卸货程序

要点

　　船舶抵达码头卸货时,液货舱内的货物温度与压力只有满足码头的要求,才能达到最大的卸货速度,开始卸货前与装货准备工作一样,必须做好相关安全检查与措施等。

必备知识

一、卸货前的准备

(1)各种设备的测试及风险评估。

(2)检查单的完成。

(3)货物管线的准备。

(4)港口文件的准备。

二、卸货程序

(1)卸货泵起动前,为防止泵浦被卡,应手动转动一下泵轴(通常称为盘车)。

(2)当确定岸上的一切准备工作就绪后,方可启动卸货泵。货泵启动前,为防止卸货管线意外堵塞不畅,习惯的做法是先打开卸货罐的进口阀,在货泵启动之初,液货流动为内循环,待货泵运转正常后缓缓关闭进口阀,使液货循既定管线进入岸罐。

(3)卸货开始时,应控制转数或关小出口阀,将速度调到最低。当确认船岸一切正常,管路充分冷却后加速至正常速度。

(4)若不改变货种,则无需进行扫舱作业。若为改变货种或修理等目的需清舱除气时,可利用货物压缩机进行扫舱作业。

(5)扫舱阶段,为防止泵浦干转和将货舱尽可能扫净,要注意货舱内的压力和泵浦排压的变化,按照泵的性能要求,及时调整泵的出口阀,使泵保持一定的排压,处于良好的工况内,直到将货全部卸净。

（6）利用货物压缩机扫舱或扫线时，由于货物压缩机是无油设计的，为了不造成液击现象，延长压缩机的使用寿命，必须保持吸入的货物蒸汽是干净和干燥的。为此，启动前必须放残。压缩机工作期间，压缩机舱不得无人，时刻注意其排压的变化，并保持与甲板的通讯联系通畅。

（7）扫线时，为了防止液货进入气相管，应在气相管的压力高于液相管的压力0.2 MPa时，打开气、液管连通阀。

（8）拆管前，先将管线内的残气液压力经透气桅排放至零，然后用铜制扳手将出口螺丝卸掉。注意防止铁器之间的撞击，千万不要向管内窥视。

（9）最后拆除接地线。

三、卸货操作注意事项

对于压力式液化气船，卸货时一般是将所有液货都卸完，货物系统内只剩下货物蒸气。货物系统的管理比较简单。对于全冷式液化气船，如果在下航次装载同类货物，通常在卸货后保留部分液货在液货舱内以维持液货舱在适装的低温状态。有些大型LNG船，可能有多达2 000~3 000 m³的液货留在液货舱内，这取决于货物围护系统的大小和类型以及航程的长短。在这些船上通常设有一个或多个液货循环冷却泵，把冷冻液货泵送到各个货舱内顶部的液货喷淋管，利用液货喷淋来降低货舱内的温度和各个部位的温差。这种操作的次数取决于船舶大小和类型以及压载航行时间等。至于LPG货物，在卸货后留少量液货足以在压载航行中断续用再液化装置把凝液输回到液货舱，取得所需冷却效果，保证到达装货港时，液货舱和液货在可接受的低温。货舱在海上预冷妥当后，靠码头即可装货，节省时间。如果船舶到装货港去装载与上航次不同种类且不相容的货物，上航次的货物不应保留在船上，避免对下航次货物有污染和发生化学反应。这时货舱需要置换和预冷作业后才能装货，具体见置换和预冷作业内容。

1.船岸检查表的完成。

2.货物的测量与取样。

3.注意交换双方的信息。

4.装卸臂或货物软管的连接。

5.开始卸货时的注意事项。

6.正常卸货时注意事项：

货泵通常是在排出阀关闭或部分开启的情况下起动（即封闭起动），以减少起动负荷和减少压力冲击。泵起动后，慢慢打开排出阀，直至泵在安全有效的工况下运转。

开始卸货阶段排量要比较小，以逐渐冷却卸货管路及设备，这可以通过调节货泵的转速及出口阀来达到目的，也可利用泵打循环方式进行。为了防止货泵内液货汽化，在任何时候都必须让货泵内液货的压力高于货物饱和蒸气压力。本书在讨论货泵特性时叙述了货泵所需的最小净压头(NPSH)值,对于全压式或半压式液化气船,在卸货时,为了使泵保持足够的吸入压力,往往利用货泵与压缩机联合工作,利用压缩机抽吸岸站或船上其他货舱的货物蒸气向卸载货舱加压,以增大货泵的进口压力,有效地防止离心泵气蚀、气塞和排不出货。对于全冷式液化气船,也可由岸站货船上蒸发器提供的货物蒸气增加液货舱内的蒸气压力。当液位接近货舱底部时应推迟货泵气塞的发生,尽可能卸清货物,特别是随后对货舱要进行除气作业时,需最大限度卸清货物。另外,在卸货末尾阶段,应小心关小货泵排出阀,减少货泵流量,从而减少货泵所需的(NPSH)值。利用这一方法可以最大限度地卸完货舱内的液货。但是,若货泵是与增压泵串联运转的,就不能用关小排出阀开度来控制流量,否则会影响增压泵的进口压力与进口流量,从而损坏货泵。当进行卸货作业时,应监视液货舱中的液位并且根据船舶稳性和受力控制卸货/压载操作。如果液位读数不变,表明液位测量有故障,应予查明。卸货末尾阶段应小心操作,防止货泵抽空干运转。由于货泵所需要的润滑及轴承、密封和填料等的冷却是由所泵送的液体所提供的,货泵干运转是危险的。从液货舱卸去液货会使屏壁空间压力改变,应在整个卸货作业中加以监视。根据气体船的类型、压载航行时间长短、装货岸站要求和待装货物种类,可能需要保留一些液货在船上以保持液货舱冷却。对于LNG船,当蒸发气体不再液化时,保留的数量主要取决于压载航行时间的长短。

当卸货完毕后,必须进行扫线作业,把液货从所有甲板管路、岸上管路和软管货装卸硬臂中吹扫掉,然后才能排空和拆管。

7.扫舱时的注意事项。

8.装卸臂或货物软管的拆除。

9.完货后的货物测量与计算。

10.完货后的注意事项。

11.卸货时的应急事故处理:

(1)应急截止阀失灵

当应急截止阀故障或压力较低不能正常开启时,没能及时发现可造成装货管线破裂或船泵损坏。应立即通知岸方停止卸货,可采用手动液压开启重新卸货。

(2)货管破裂

由于潮差影响,风力较强,涌浪,吹开风等影响,容易造成货管断裂,应加强值班,及早发现及时处理,必要时停止卸货。

第十一节　更换货品的操作

　　船舶的货舱是以一定货种的物理化学性质作为依据设计的,有其特定的适装范围。在装运新货品时,必须查明船舶"适装证书"上是否列有该种货物,否则不可装载。另外,要了解新装货物与原装货物是否有相容性,因为货物除本身固有的危险性(如易燃性、毒性)外,货物间的反应,也会对安全运输造成极大威胁。

必备知识

一、更换货品前必须取得的条件

　　在更换货品或气体清除前,必须先把船上液货系统及设备内所有的液体除去。由于货物的残液会不断蒸发,蒸发会妨碍随后的净化或气体清除。如果原先所装和随后要装的货物的理化性质近似(如丙烷、丁烷),则无须净化。这取决于商业上的考虑,但通常也要求排净原先所装货物残液。关于净化的要求,可征求货主的意见,因为即使货物的性质相容,还得考虑对下次货物的污染。很多货物由于商业上的原因受到严格的限制,前一次的货物甚至惰性气体都可能造成不容许的污染,所以在装货前应尽快得到货主的指示。

　　来自另一液货舱在上航次卸货时,必须采用最佳的卸货方法,尽可能卸空货物,留有少量无法卸出的残液时,可用加压扫舱法或加热蒸发法除去残液。当货物品种改变时,压缩机的润滑油可能需要更换。

二、更换货品的具体操作程序

1.换装不相容货品的货舱净化作业

　　换装不相容货品,最安全保险的办法是先对货舱进行惰化作业和除气通风作业,满足进入封闭处所工作条件后派人进货舱内仔细检查。检查合格后再对货舱进行惰化作业和用待装货品蒸气进行置换净化作业。如果不要求开舱进去检查,则无须对货舱进行通风除气作业,必须用惰性气体作净化作业。用惰性气体置换货舱内原有货品蒸气,直至货舱内气体含量达到合格标准,然后再用待装货品的蒸气置换惰性气体,直到满足自其他液货舱的蒸气经由再液化装置至排气筒或甲板储罐足要求为止。

需要注意的是,在进行置换作业排放惰性气体和货物蒸气的混合气时,应遵守港口排放货物蒸气的规定,最好的办法是将混合气体送回岸上设施回收或燃烧。

2.换装相容货品的货舱净化作业

如果两种货物是相容的(按照化学性质和货主要求),前次货物的蒸气可直接用船上贮存的或岸上供应的下一次货物蒸气净化。如净化是在港内进行,必须将排出的蒸气引到岸上的设备内处理掉,或者供给岸上气库,尽可能避免直接排入大气,如不可避免,则应严格执行当地的规则,净化尽可能采取最适宜的方法进行,直至达到下一次货物所允许的状态。许多大型的全冷式或冷压式液化气船配有专门的甲板备用贮罐,罐中经常有足够数量的液货以供船在海上进行净化作业和货罐预冷作业,节省时间。

3.装氨后的货舱净化除气作业

氨是一种特殊的货物,有很强的腐蚀性、刺激性和毒性。装运过氨的货舱换装货品前,需要做比较彻底的除气作业。即使货品之间化学相容,如果直接用待装的货物蒸气去置换货舱原有的氨气,将会非常浪费与耗时,实际上这种做法是不能接受的。

通常货舱内的氨气有两种可行的办法除去:

(1)直接用空气通风除气

液体送上岸或送到甲板储罐在海上把大量新鲜空气直接吹进货舱内,将空气与氨气混合直接排入大气中,直至舱内氨含量低于20 ppm(波斯湾地区甚至要求低于5 ppm)、氧气含量达到21%才算除气合格。当然,通风除气所用的空气必须是干燥、露点低(露点低于货舱温度),避免空气中的水分析出,因为氨非常亲和于水,液舱表面的湿气很易吸收氨气,如有凝结发生,很难将氨清除干净。舱内面上的湿灰尘也容易吸收氨。

(2)用淡水溶解氨气除气

氨气极易溶于水。单位体积的水可溶解1000体积的氨气。用水除氨是比较快捷有效的办法。这种办法仅适用于完全干净、无锈和内部构件很少的液货舱。对于有棱柱形液货舱的全冷式液化气船则不太适用。

由于氨的高度溶解性,把水通入货舱内喷淋除气时会在舱内造成真空状态,在作业中必须保证有足够的空气进入舱内。在作业前,液舱中所有人孔盖均应打开,人员按需要佩戴呼吸器和防护服,在人孔旁手持软管往舱内喷水的工作人员应适当系牢以防被吸入液舱内。用水清洗后,排掉洗舱残水,然后再对货舱及管系彻底通风干燥除湿处理。

为了获得货舱最大的干燥度,向货舱内通风的空气露点要低于货舱温度,避免货舱内表面有凝结水。同时要以实际可能的最高温度向货舱及管系通风以促使氨从有锈的表面逸出(氨在45℃比在0℃逸出快10倍)。

货舱通风除气作业合格后,如果换装其他货品,则需要用惰性气体重新惰化置换。惰化作业合格后,再用下次要装货品的蒸气置换货舱内的惰性气体。置换作业合格后,才可以准备装载其他货品。

第十二节 船舶进坞的货舱操作

要点

液化气船检验货舱或进厂修理前,必须对货物系统进行除液、惰气置换和除气通风作业等工作。

必备知识

一、除液

在除气或置换之前,必须把货舱内全部液货除掉,否则货物的残液会不断蒸发汽化,妨碍随后的惰化作业和除气通风作业,压力式货舱的船舶往往配有扫舱管路。用压缩机使液货舱升压,残液可通过扫舱管路从液货舱底部压出。压出的残液集中到一个舱,适当时再送到岸上或者集中在甲板上专供此用途的罐内。排放和扫舱一直进行到全部液货从液货舱清除为止。这可通过舱底取样管来检查。舱内清除残液所需压力将取决于货物比重和液货舱及气室的高度。

如果货舱不是压力容器型,货舱就不能用加压法除液,残液需用加热蒸发的方法除去。蒸气加热管位于货舱底部吸阱位置,浸没在要蒸发的液货残液之中。开动压缩机抽出货舱顶部货物蒸气,货物蒸气经压缩后温度升高。高温的蒸气流经货舱底部的加热盘管内时,盘管外面的舱底残液因受热而蒸发成气体,这部分蒸气通常从透气桅排掉(在海上时),或者在再液化装置中液化后送往岸上或甲板贮罐。而盘管内的高温蒸气则冷凝成液体,这些冷凝液被送到甲板贮罐中。如货舱内未设加热盘管,也可以把热的蒸气通过液相管直接送至舱底进行加热蒸发。

二、暖舱

暖舱即使货舱升温的过程,货舱内全部残液蒸发后,即应停止加热蒸发系统。这时需使货舱回暖。当液货舱在非常低的温度时（如LNG液舱），置换用的惰性气体中的水气和CO_2会结冰。另外，在低温情况下，所需的惰气量也多。

货舱升温回暖的方法，是利用压缩机从舱顶将货物蒸气抽出，送到气体加热器中加热，再从货舱底部输入货舱，一直循环至与环境温度相同为止。

三、惰化

货舱惰化作业是从液货舱内充满货物蒸气的状态开始的。具体做法与本章前面介绍的首次惰化作业相同。惰气要充入货舱，要持续到货物蒸气的浓度低到足以防止随后用空气通风时会形成可燃性混合气体。对于主要危险性是易燃易爆的货品，通常只要把惰化作业进行到舱内货物蒸气含量少于2%（体积）为合格（有些更为安全的做法是建议为货物蒸气的爆炸下限的50%以下为合格）。

如果用船上生产的惰性气体系统进行惰化作业，在惰性气体系统接上以前，应先将货物管路与透气系统相连接，防止货物蒸气回流。

在惰化过程中，如排出的货物蒸气是易燃易爆或有毒等危害性的，应小心排放处理，最好送回岸上设施回收或燃烧处理掉。

对于装载氨的货舱，即无须用惰气进行惰化作业，可以直接通入空气除气通风。

四、通风

货舱通风除气即当货舱惰化合格后，如果为了检验和修理的需要，人员需进入货舱，那就还要用空气来置换系统中的惰性气体。用空气对货舱持续通风，直至货舱内的氧气含量为21%，可燃气体含量为爆炸下限的1%以下时，通风除气作业才算合格。这也是货舱进行热工作业时的安全标准。

对于装载过氨的货舱，氨的含量低于20 ppm（波斯湾地区甚至要求低于5 ppm）、氧气含量达到21%时除气通风作业才算合格。一般使用铜条和色谱试验来确定氨的含量。当人员需要进入装过氨的液货舱时，必须向舱底内持续鼓风。即使0.5%的氨浓度，也会烧灼皮肤、眼、嘴、呼吸道等，所以必要时还需戴上护目镜、手套等防护品。

第七章

LNG船的特殊设备
和操作系统

第一节 船舶结构与液货舱设计原理

要点

　　LNG船是指将LNG从液化厂运往接收站的专用船舶。鉴于天然气的特性，对LNG运输的设计主要考虑的因素是：能适应低温介质的材料，对易挥发/易燃的处理，低比重的储存能力。LNG的液货舱是独立于船体的特殊构造，液货舱的形式对LNG运输的设计影响很大。目前世界液化天然气船的液货舱系统有自持式（独立型）和薄膜式两种。

必备知识

一、LNG船体结构

　　按国际燃气规范，对适用−165℃的设计温度的货舱须选用9%的镍钢、奥氏体钢（不锈钢）、铝合金、奥氏体铁−镍合金（36%的镍钢），当LNG液货舱（即货舱）泄漏时须保证物料15天内不外溢，需设置第二防漏隔层，因为LNG运输距离不论有多远，不会超过15天，在此期间即可回船厂维修，故LNG液货舱（即货舱）为双层壳体，以防LNG泄漏。

　　对易挥发/易燃的处理，利用LNG挥发气作船舶动力的燃料，在LNG的装载/卸货时，船与接收站之间用气相管和液相管连接成封闭系统，防止空气进入LNG液货舱，确保系统的安全，并且LNG货舱的外壳须绝热，以控制LNG挥发速率及控制由温度变化而引起的热胀冷缩，保护船体构造不受液货舱极低温的损害，同时以减少运输过程中LNG的蒸发，对绝热性能要求达到控制日蒸发率0.15%。

二、LNG运输船液货舱的形式及特点

　　LNG的液货舱是独立于船体的特殊构造，液货舱的形式对LNG运输的设计影响很大。目前世界液化天然气船的液货舱系统有自撑式和薄膜式两种。

　　（1）自持式液货舱：自持式有A型和B型

　　A型为棱形，设置完整的二级防漏隔层，以防护全部货物泄漏，此类型船舶，为减少货物

在舱内晃荡撞击,增加船舶稳性,在货舱内部加一道纵向舱壁将一个货舱一分为二,货舱材料采用耐低温铝合金,货舱绝热材料采用塑料泡沫。

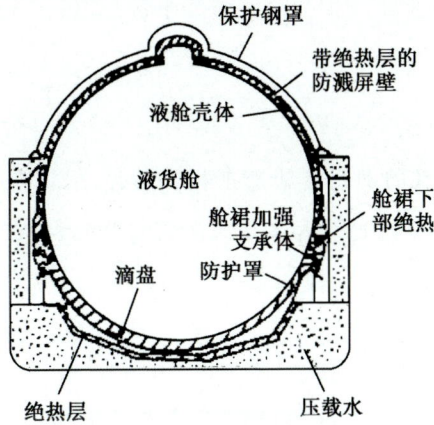

图7-1 B型自撑式液货舱

B型为球形(图7-1)或棱形,设置部分二级防漏隔层,以防护少量货物泄漏。特点:独立舱体不容易被伤害,可分开制造,造船周期短,质量检查容易;液面晃动效应少,不受装载限制,充装范围宽;保温材料(可用聚氨基甲酸酯塑料、聚苯乙烯、酚醛塑料树脂)用量少;由于液货舱带压(2 kg/cm^2),操作灵活,增加安全性,紧急情况下,在装卸的任何阶段都可离港,或在货物泵失灵情况下,卸货的可能性也较好,并且卸完货时清舱简便,但船受风阻面积大。

(2)薄膜型液货舱的内部结构

薄膜型LNG船体被设计成双船壳结构,内侧船体和外侧船体之间的空间用作压载水舱。这样设计的另一目的是在发生紧急情况时保护货舱,如碰撞,搁浅。

LNG船体的内部设计双薄膜结构,内层与货物直接接触的极薄而韧性的膜称为主膜,在其外面是一层充满珍珠岩填充层的胶合板箱称作第一绝缘层,在第一绝缘层外有一层和主膜相同的性质的膜称作次膜,在次膜外面包裹一层和第一绝缘层相同性质的里面也是充满了珍珠岩的箱子被称作第二绝缘层。双膜和双绝缘层的设计为货舱系统提供了双层的保护"屏障",以防止货物泄漏。

由于货舱是双膜双绝缘层的设计所以即使一旦发生货物泄漏,货物泄漏到第一绝缘层内而船体仍然有第二层薄膜和绝缘层的保护。该系统可有效地确保防止货物液体泄漏,此外,还可以减少热量在货物和船体的内部交换。次膜夹在两个绝缘层之间不但是起到了二次屏障的作用,还有效地降低了两层绝缘层之间的热传导。

第一绝缘层和第二绝缘层之间空间的压力由充入的氮气来控制。第一绝缘层空间的压力绝对不能超过货舱压力,以防止主膜向内塌陷。一旦货物泄漏到第一绝缘层后为了避免进入第二绝缘层,因此第一绝缘层空间的压力应维持在比第二层绝缘层空间压力高0.2 kPa以上。

第二节 LNG运输船舶动力推进装置

要点

船舶动力装置的功用是为船舶提供动力,保证船舶在预定方向下以一定速度航行,并向全船供应航行和生活上必需的电能和热能等。

必备知识

机舱动力装置组成与常规油轮类似,不同点在于其主机及部分发电原动机大多采用汽轮机,因此包括主锅炉、主透平、透平发电机、蒸汽分配系统、艏侧推器等特殊装置,并且液货泵等部分设备常采用6 600V高压电制供电。机舱设备结构布局见图7-2所示。

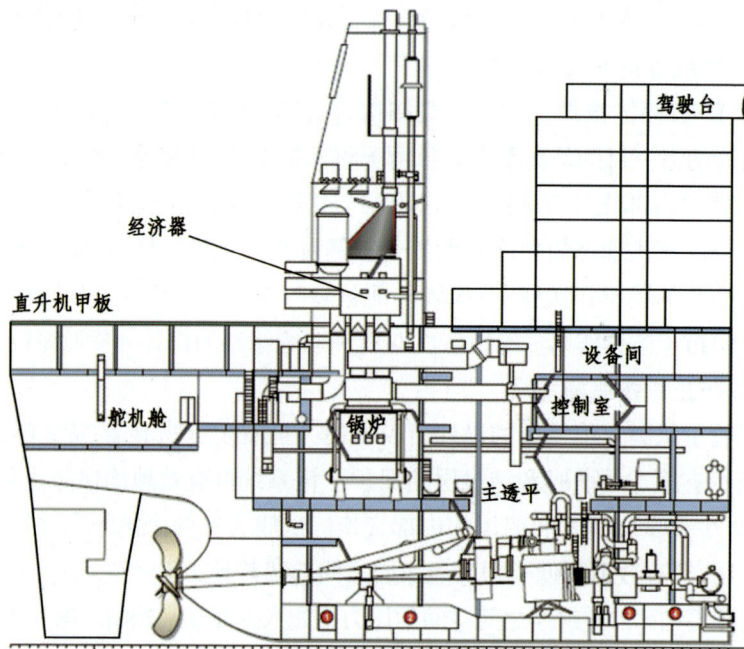

图7-2 LNG船机舱设计布局

蒸汽轮机推进系统在LNG船舶中占主导地位,优点:蒸汽轮机输出功率高;蒸发气体或重油均可用作锅炉的燃料,也可以混合燃烧多种燃料;在只燃烧蒸发气体时排出的废气也最为清洁;维护不是很频繁、费用也相对较低;可靠性较好。缺点:燃烧效率差,燃料消耗大,燃油消耗率比低速柴油机高。只有当蒸发气体的价格与燃油的价格相比更便宜时,此种方案的推进系统才有一定的优势。蒸汽轮机船舶推进装置主要由主锅炉、蒸汽透平机、减速箱系统、冷凝器、蒸汽和给水管系以及其他汽水处理装置组成。

一、汽轮机

船舶汽轮机动力装置是采用蒸汽为工质、汽轮机为主机的船舶动力装置。船用主锅炉为双燃料锅炉,可混合燃烧重油和天然气,也可单独燃烧重油或天然气。主锅炉产生高温高压过热蒸汽分成三路传输能量:一路通过主控制阀进入蒸汽透平装置,主控制阀控制蒸汽流向实现正倒车透平之间的选择蒸汽透平的动力输出经由减速齿轮箱驱动一个定距桨转动,从而推动船舶;一路进入透平发电机推动发电机发电,成为船舶电力系统的主动力,与另外还有两台柴油发电机组成的备用动力一起构成船舶电网;一路进入透平给水泵为锅炉给水系统提供动力;蒸汽做功结束后进入冷凝器冷凝为水,凝水泵抽吸凝水提供给除氧器作为锅炉主给水,透平给水泵再把水从除氧器中泵送至锅炉汽鼓,从而形成气液循环系统。

二、双燃料柴油机推进系统

双燃料柴油机是一部既能用天然气作燃料又能用燃油作燃料的柴油机。它使用压缩点火,并且能在燃油和天然气之间迅速切换,当进行双燃料的切换时,该机器能使用代用燃料来继续操作而不影响对推进装置和动力装置的运转,燃油供应通常都是用在主机启动或者停止之前。

双燃料柴油机舱室主要包括:

1.气体探测系统和警报装置及其相关联的紧急停止装置:每个双燃料机舱至少配备两套固定式气体探测系统,以连续监测燃气的泄漏。且要求气体探测系统应该有自检功能,一旦气体检测系统自我检测出系统故障,该系统应该能立即自动切断连接,以保证该故障不至于导致整个系统的应急切断系统动作。

2.电气系统和照明:电气系统由于能产生电火花,如电机启动器,配电盘等,所以要求电气系统要安装在双燃料机舱的外面。

3.双燃料机舱的通风系统:每个双燃料机舱都要至少配备两台机械通风装置,如果由于某些原因一台停止工作,其他的通风设备至少能保证换气量100%的要求。

4.燃气压缩机。

5.燃气加热器。

6.燃气存储压力容器等。双燃料柴油机分为双屏障燃气管线和单屏障燃气管线2种。

单屏障燃气管线的双燃料柴油机舱室的特点:当任何一个双燃料机器由于某些原因紧急停止时,推进系统仍然能保持推进和操纵,当紧急情况发生时,多余的能量被保留在单独的机械处所,以保证船舶以7 kn速度和一半设计时速航行,两者取小值。

双燃料柴油机室要求有非常严格的维护保养,用以确保通风和气体探测系统能有效工作。图7-3所示为双燃料内燃机工作原理图。

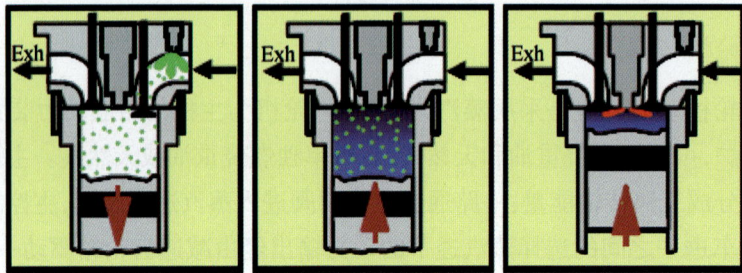

图7-3 双燃料内燃机工作原理图

双燃料柴油机室通常设有两个逃生紧急出口,而且通向柴油机室的通道门都被设计成自闭式且伴有警报系统,当通道门由于某些原因打开超过60 s后将有警报发出。

双燃料柴油机也能在某些警报发生的同时自动转换成燃油模式,例如当气体浓度达到30%时或以下,通风系统失效,燃气供应管线内压力不正常,主燃气供应阀的工作介质发生故障,燃气供应管线或者通风管线内气体不能正常流动等都可以给双燃料柴油机发出警报同时系统会自动切换成燃油模式,以保证双燃料柴油机能正常运转。双燃料柴油机带有紧急停止装置,当系统探测到双燃料柴油机室内有气体泄漏时,在气体浓度达到60%LFL之前,柴油机室内所有的电器设备将自动切断且双燃料柴油机将停止工作。

三、燃气轮机

燃气涡轮发动机或称燃气轮机,是一种属于热机的发动机。燃气轮机可以是一个广泛的称呼,基本原理大同小异,包括涡轮喷射引擎等都包含在内。而一般所指的燃气涡轮引擎,通常是指用于船舶(以军用作战舰艇为主)、车辆(通常是体积庞大可以容纳得下燃气涡轮机的车种,例如坦克、工程车辆等)、发电机组等。与推进用的涡轮发动机不同之处,在于其涡轮机除了要带动压缩机外,还会另外带动传动轴,传动轴再连上车辆的传动系统、船舶的螺旋桨或发电机等。

燃气涡轮机主要由压缩机、燃烧室、涡轮等部分构成。新鲜空气由进气道进入燃气轮机后,首先由压缩机加压成高压气体,接着由喷油嘴喷出燃油与空气混合后在燃烧室进行燃烧成为高温高压气体,然后进入涡轮段推动涡轮,将热能转换成机械能输出,最后的废气由排气管排出。而由涡轮输出的机械能中,一部分会用来驱动压缩机,另一部分则经由传动轴输出,用以驱动我们希望驱动的机构如发电机、传动系统等。

第三节　LNG挥发气的燃烧处理装置

要点

甲烷(液化天然气)是其蒸气或蒸发气体可被用于A类机器处所的唯一货物,且在这些处所中甲烷仅用于锅炉、惰性气体发生器和内燃机。

必备知识

一、LNG挥发气的燃烧处理装置的安全要求

(1)使用气体燃料的处所应装设机械通风系统,且与其他处所的通风系统分开。通风系统应对电气设备、机械装置或其他可能产生火花设备和机械装置的附近位置有效。

(2)使用气体燃料的处所内应装设气体探测器。

(3)气体燃料管路不应通过起居处所、服务处所或控制站。

(4)气体燃料管路通过或延伸到其他处所,气体燃料管应为双层壁管系统,气体燃料被储存在内管中。

(5)气体燃料管应被安装具有通风的管道内。

(6)如果发生气体泄漏,在查出泄漏部位和修复之前,不应再供应气体燃料。

(7)应对法兰、阀等所在的区域以及在诸如锅炉、柴油机的气体燃料利用装置上的气体燃料管路设置通风罩或通风箱。

(8)应对每台气体燃料的利用装置配备以3只为一套的自动阀门,其中2只应被串接在通向使用设备的气体燃料管路砂锅,另一只被安装在处于2只串接阀之间的气体燃料管路的透气管上,该透气管应通向开敞空气中的安全位置。

(9)在货物区域内,应装设一个能从机器处所内关闭的气体燃料总阀。

(10)对位于机器处所内的气体燃料管路,应提供进行惰化和除气的设施。在气体浓度达到爆炸下限的30%时,该系统应能报警,以及在气体浓度达到爆炸下限的60%之前,该系

统应能关闭气体燃料总阀。

(11)所有气体燃料补给设备(加热器、压缩机、滤器等)及有关的储存容器,应位于货舱区域内。

(12)应能从经常易于接近的位置以及机舱停止压缩机的运转。吸入压力达到某数值时,压缩机应能自动停止运转,压缩机的自动关闭装置应具有人工复位功能。

容积式压缩机应装有压力释放阀,其释放气体应排至压缩机的吸入管路。压力释放阀饿尺寸,应根据在压缩机的排放阀关闭时的压缩机内的最大压力不超过1.1倍压缩机的最大工作压力。

二、LNG挥发气处理系统

LNG挥发气处理系统是设计可以自动油门打开蒸气转储阀转储到主冷凝器或辅助蒸气冷凝器,处置由货物产生的超过从船舶推进和服务需求负荷的多余的蒸气要求。当在某些限制水域船舶在低功率水平运转时锅炉的负荷处理不了多余的汽化蒸气的时候,由于是不允许在限制水域排放气体,舱内压力会增加,直到挥发气燃烧处理装置系统被激活。

蒸气处理控制系统的主要控制参数是货舱蒸气的压力。在船舶综合自动化控制系统(IAS)上设定蒸气总管的高低限额。锅炉的点火方式已经设定好维持设定好的压力。当气体总管压力上升时,IAS系统将调整锅炉燃烧尽可能多的气,如果锅炉负荷不足以燃烧足够的气体来控制气体总管压力,蒸气处理装置会打开来增加锅炉的负荷锅炉通常情况下会使用所有燃烧器。在某些大负荷情况下如船舶进行倒车操纵时,锅炉由于要保护余热压力可能上升高于设定点,尽管IAS系统会减少锅炉的燃烧率至最低点。在这些短暂的条件下,蒸气处理装置将打开至预设位置,减轻和防止高压锅炉安全阀打开。如果锅炉长时间保持小负荷运转,例如当锚泊时,可能导致很高的锅炉压力,尽管在最小的锅炉燃烧率。在这种情况下,蒸气处理装置将打开一个最小处理模式,以11t/h的预设蒸气流量。在这种情况下应考虑减少燃烧器的数量。

三、货物蒸发器

LNG蒸发器安装在LNG船舶货物甲板右舷的压缩机间内部,可用于驱气模式、应急强制蒸发模式、液氮惰化模式和LNG卸货模式。

1.驱气模式

当船舶在第一次装货或冷舱操作之前供应气态天然气到货舱。取代之前惰性气体,这种驱气操作通常只是在船舶离开船厂后的第一次装货及由于某些原因船舶进行某一个货舱的修理作业完成后。

2.应急强制蒸发模式

当自然蒸发器不足以供应主锅炉的需求时,通过LD压缩机和加热器进行强制蒸发液态天然气来供应主锅炉,当进行强制蒸发式,蒸发器的出口温度必须控制在-40℃.

3.液氮惰化模式

当船舶的氮气发生器发生故障而不能供应氮气时,用蒸发器来蒸发岸方供应的液态氮气,将其气化后送入货舱,这种惰化操作通常只是在船舶离开船厂后第一次装货前使用,而且要求蒸发器的出口温度控制在20℃左右。

4.LNG卸货模式

当船舶进行卸货作业时,由于某些原因岸方的回气系统不能正常操作或者能操作但不能够供应足够的回气,这时就可以使用蒸发器来蒸发货舱的液货产生足够的气态天然气,然后返回到货舱以保证货舱的压力保持在正常范围内。

第八章

液化气船的货物
测量与计算

第一节 液货舱充装极限的计算

要点

在充装货物尽可能充分利用舱容多装的同时,要预留适当的容积空当,防止液货舱充满液体后因液货膨胀破坏货舱,造成灾难性后果,因此对液货舱的"充装极限"作了相关规定。

必备知识

为了提高散装液化气运输的效益,挖掘船舶的运输潜力,在考虑安全的前提下,要充分利用船舶的舱容,否则将会造成浪费。其理由如下:

1.液态的液化气的比重较轻。如LPG在常温时的比重只有0.5~0.58,散装液化气船的运输能力是以其液货舱的容积来衡量的。

2.液化气的热膨胀系数大。比如液态的碳氢化合物的膨胀系数约比水大16倍,温度每升高10 ℃,则其容积膨胀约增大4%。

因此充装时,务必留有余地,预留适当的容积,防止液货舱充满液体后因液货膨胀而破坏货舱,造成灾难性后果。

液货舱可被装载的最大装载极限可由下式计算得出:

$$L_L = F_L \times \rho_R / \rho_L$$

式中:L_L—装载极限的百分比,即最大允许装载的液货容积与液货舱总容积之比;

$\quad$ F_L——充装极限的系数,一般取98%;

$\quad$ ρ_R——货物在基准温度下的相对密度;

$\quad$ ρ_L——货物在装载温度和装载压力下的相对密度。

基准温度(参考温度)指:

(1)在未配备有货物压力／温度控制设施时,货物饱和蒸气压力等于压力释放阀的调定压力时所对应的液货温度。

(2)在配备有货物压力／温度控制设施时,指装货终止时,运输期间或在卸货时的温度,取大者。

以下是计算充装极限的例子。

例1：全压式液化气船装载丙烷，装货温度为20℃，压力释放阀调定值为16 bar（表压）。

基准温度 = +49℃（丙烷在49℃时的饱和蒸气压力为17 bar（绝对压力）

丙烷在基准温度（+49℃）时的液货密度为0.452 t／m³

丙烷在装货温度（+20℃）时的液货密度为0.499 t／m³

$L_L = F_L \times \rho_R / \rho_L = 0.98 \times 0.452 / 0.499 = 88.2\%$

所以，该液货舱在装20℃丙烷时的充装极限为货舱总容积的88.2%.

第二节　液化气货物计算的特点、依据和影响因素

一、液化气货物计算的特点

1.货物蒸气量计入货物数量中

在普通的液货船上，在装卸中仅计算货物液体，因而所有液货卸空就认为是空舱。然而在液化气船上，货舱内的液化气液体与蒸气是处于平衡状态的，在装卸贮存过程中随着条件的变化，液体会蒸发成蒸气，蒸气也会凝结成液体，而且货物围护系统和装卸作业系统均是在封闭系统内进行的，货物蒸气不会逸到大气中去，所以货物蒸气是货物的真正有效部分，必须计算在货物数量当中。

2.装卸货物量是在"作业前"和"作业后"货物总量之差

全冷式液化气船卸货时，通常要留相当数量的液货和它的货物蒸气在船上以使液货舱在压载航行中保持冷却并在下一次装货之前作冷冻剂。对于全压式或冷压式液化气船，卸货时也是只能卸完液体货物，货舱内的蒸气不可能也没必要抽空。所以为了确定所装的货物量，要将装载前船上货物的总数量（货舱底液和货物蒸气重量）从装载后船上货物总量中减去。在确定所卸货物数量时，要将卸载后留在船上货物数量从卸载前船上货物总量中减去。货物总量包括液体货物和气体货物。

3.温度、压力和液位的测量

装入液货舱内货物的温度在整个装载期间都是会变化的。这是由于货物来自岸站不同的货罐，货物本身温度不一样。

另外货泵排量的变化及管路预冷程度及传热变化对货物温度也有影响。通常在货舱内不同高度处装设几个温度检测装置的检测元件，以便检测货物在不同高度的温度。

在实际货物计算中采用这些温度的平均温度作为货物的温度。虽然液货舱内的液体和蒸气通过蒸发汽化和凝结液化会自行调节到动态平衡状态，但在货物作业过程中已打破了这种动态平衡。货物作业结束后需要一段时间货舱内液货与蒸气才动态平衡。所以为了保证检测数据准确，应尽可能在货物作业结束后再延迟一定的时间，再去检测液货舱内的液位、温度和压力。俗称之为静置，在静置的过程中，温度、压力和液位将自相调节，气体温度和压力将逐步下降，液体的沸腾亦将趋于平稳。静置的时间越长，所测得的数据越准确。

4.密度

因为液化气是处于沸腾状态的液体，测量它们的密度需要特殊的化验室设备，而一般船上不具备这种设备，所以液货的密度必须由供货的岸站提供给船上。在液化气水上运输中，习惯上不是根据不同温度而给出某种物质的对应密度，而是选定一个标准温度，对应这一标准温度给出该种物质的标准密度。我国是以20 ℃为石油产品密度的标准温度。

在目前的实际操作中，船舶确定所载液货密度的方法有如下几种：

（1）由供、受货双方共同认可的化验部门出据化验报告，以确定的标准密度为准；

（2）由具有一定资质的商检部门进行现场多点取样，以化验确定的密度为准；

（3）船舶亦可根据装载时记录的温度参数，将实际温度下的密度，查表换算成标准密度，多点平均后作为初步计算的依据。

二、液货舱内液体体积的计算

船舶每个货舱都有特定的舱容表，该表由船舶设计部门提供、由船检部门认可。根据测得的货舱内的液位高度，用舱容表可计算出货舱内的液体容积和蒸气容积。但是，货舱舱容表是根据常温常压下船舶在正浮无纵倾的条件下测量制定出来的。船舶在营运状态时这些条件都发生了变化，所以在利用舱容表时应进行有关修正。

1.纵倾修正。

液位测量装置不一定在货舱的中心点。在船舶纵倾情况下测量得到的液位与液位，与货舱在正浮无纵倾状态下的液位有差异。

纵倾修正的具体修正方法有两种，第一种是实测液位及船舶艏艉吃水差值，给出修正液体体积数，将该数值与根据实测液位查舱容表所得的体积数相加即可得出消除纵倾引起误差的液体体积。另外一种修正方法是先确定船舶艏吃水差值，然后根据实测液位高度给出液位的修正值，再用修正后的液位数去查舱容表，即可得到已修正了纵倾所引起误差的液体体积数。

船舶一般均要保持尾倾状态，所以，除非液位测量装置设在液货舱中心位置，否则，均要进行纵倾修正。该修正值一般是由船舶设计部门提供、由船检部门认可，根据各种液位分别给出相应的液位修正值。

2.横倾修正的方法与纵倾修正相同。

3.液位标尺收缩修正。

4.浮子下沉量修正。

5.测量设备安装时的固定误差修正。

在安装或修理测量设备时,由于修理或安装上的原因,有可能产生固定的液位高度误差,如果有这一误差,须对测量设备测出的液位高度值作一修正。

6.货舱容积收缩修正。

液货舱的舱容表所指示的容积是在特定的标定温度下(20℃)测量确定的:随着液货舱的温度变化,液货舱收缩或膨胀,引起货舱实际容积比在标定温度时测定的容积大或小。因此,从舱容表中得到的体积要乘以相应的货舱温度收缩系数,才得出实际温度时的真实容积。由于液体温度和蒸气温度不同,故要用不同的货舱收缩系数来修正液体和气体的容积,从而求出在实际情况下货舱内液体的真实容积和蒸气的真实容积。一般全压式船忽略了此项修正值,但全冷LPG船要修正的。

三、液货舱内液体货物重量计算

液体的质量——即真空中的重量 M_L,是指定温度(t)下的液体体积(V_t)乘以同温度下的液体密度(D_t)所得到,即:

$$M_L = V_t*D_t$$

如果式中的体积和密度不是在相同的温度下,要在相乘之前换算成同一温度下的数据。

在实船操作中,为了计算的方便快捷,可用下列公式计算液货的实际重量

$$M=V*D*K$$

式中:M——液货在空气中的重量;

V——经过修正的液货体积;

D——液货在空气里的体积,其数值约等于液货20℃的标准密度减去0.0011;

K——VCF修正值,其数值可根据液货温度和密度查表获得。

采用上面两种方法计算液化气液体重量均可以。

四、液货舱内气体货物的计算

液货舱内的气体重量也是所载货物重量的重要组成部分,当卸货作业完成后,所存留的气体货物部分,称之为舱存。其计算方法如下:

$$气体重量=\frac{分子量×气体体积×（1.033+气体压力）×0.01177456}{273+气体温度}$$

其中:分子量—根据货物的标准密度查表可得

气体体积=(货舱总容积–修正后的液货体积)*温度收缩系数;

气体压力读表可得,单位为KG,若表压单位为MPa,应加以转换;

气体温度读表可得,单位为摄氏度。

综上可以得出:卸货前的货物重量=液货重量+气货重量

实际卸货量=卸货前的总重量-舱存

第三节　液化气货物相关数据的采集及货物计算程序

要点

　　液化气货物计量需要采集测深值、货舱货物温度、货舱压力、船舶前后吃水差、确定货物各成分的含量以及测取货物的密度或相对密度的相关数据。货物计量包括液体货物量的计算和气体货物量的计算。

必备知识

一、液化气货物相关数据的采集

1.测深值或空当的测量

测深值指的是液货在舱内深度的测量值。空当指的是舱内液面距舱顶的高度。由船方、货方和公证方的代表共同测取各货舱的测深值或空当读数,以米为单位,精确到千分位。测深值一般从液面高度自动测量显示的液位计(如浮子式液位计)读取,也可由手动测量的液位计(如滑管式液位计)测取。

2.温度的测取

由船方、货方和公证方代表共同测取。

全压式液化气船货舱货物温度的测取是通过读取显示货舱上部、中部和底部温度的温度表的读数,货舱上部温度是货物蒸气的温度,中部和底部的平均温度是液货温度。

全冷式液化气船测量的货舱货物温度应是该货舱液体货物的平均温度,自动温度测量装置一般具有这一功能。舱内气体的温度可近似认为与液货温度相同,如果自动温度测量装置能测量气货温度,则必须记录以备用。

3.压力的测取

由船方、货方和公证方代表共同测取。货舱压力的测量主要是测出货舱蒸气空间的压力,通过读取显示货舱蒸气空间压力的压力表读数获得。

4.船舶纵倾的测量

在多数情况下,船舱不是处于绝对水平状态,而是处于一定的倾斜状态,特别是处于船舶纵向倾斜状态。表达这纵倾程度的参数是船舶前后吃水差。由船方、货方和公证方代表共同测取吃水差。

5.货品分析和测量

大多数液体气中含有多种化学成分,在进行货物量计算之前,须确定各成分的含量以及测取货物的密度或相对密度。这项工作主要由专门试验部门对货样进行分析和测量,其结果用作计算。

二、液化气船货物计算程序

货物计算的基本原理在前面已作了详细介绍,下面以标准温度20℃的计算为例,概括出液化气货物的一般计算程序。

1.从岸站或供货方处获得货品的密度(或比重)、分子量、货品组成等数据。

2.检测货舱有关货物数据,包括液货的平均温度(℃)、货物蒸气的平均温度(℃)、货物蒸气压力P(表压,沅r)和液位高度。

3.检测船舶的艏艉吃水和左、右舷吃水,计算出纵倾吃水差及横倾吃水差。

4.根据液位值和舱容表,计算液体在测量温度下的体积。

进行计算时根据本节的"液货舱内液体体积计算"内容,进行相应的纵倾修正、横倾修正、液位标尺收缩修正、浮子下沉量修正、测量设备安装固定误差修正、货舱容积收缩修正。

5.计算液货密度

如果已知液货密度是20℃时的密度,则不必换算。如果已知的货物密度的标定温度不是20℃,则需要查看有关计算资料表,把密度换算成20℃时的液货密度。

6.计算液货的质量

根据液体在20℃时的密度值和液体测量温度值,查有关表得到液体的体积膨胀系数后,算出液体在真空中的重量。

7.用货舱总容积减去在液货平均温度时的液体货物容积,得出货舱货物蒸气的容积。根据蒸气的平均温度,查货舱资料,得出货舱在货物蒸气的平均温度下的温度收缩系数,从而计算出货物在蒸气平均温度压力时的真正体积。

8.计算货物蒸气的质量。

9.把液体质量和货物蒸气质量相加,得到货物的总质量。

10.根据液货20℃时的密度,查有关资料得出质量换算成空气中的重量的换算系数,然后换算出货物在空气中的总重量。

第九章

液化气货品运输中的
危害控制和安全管理

❖ 第一节 液化气货品的危害
❖ 第二节 液化气船对货物危害的控制
❖ 第三节 人员的安全防护措施

第一节　液化气货品的危害

　　液化气货品种类多,每一类该种货品可具有一个或多个危险特性,它们包括易燃蒸发性、毒性、腐蚀性和反应性等。当货品在低温和压力条件下运输时,还可能引起另外的危险性,如严重碰撞或搁浅可能导致货舱破损,造成货品不可控制释放,引起液化气的蒸发和扩散,甚至导致船体脆性断裂等危险。为了保证人员和船舶安全,必须充分注意到各种液化气货品存在的潜在危险,采取正确的防护措施,控制或尽可能消除液化气的危害。

必备知识

一、液化气船对人体健康的危害

　　液化气船载运的液化气货品,大都具有以下几种或全部的特性,即刺激性、腐蚀性、麻醉性、毒性、窒息性和可燃性等。它们可对人体造成各种不同的危害,轻则危害人体健康,重则使人丧失生命。液化气货品主要是通过与皮肤、眼睛接触和被吸入的途径对人体造成伤害的。液化气对人体健康的危害主要包括:中毒、冻伤、化学灼伤、窒息、麻醉和燃烧爆炸等6种。

二、液化气货品对船舶材料的危害

（一）腐蚀

　　一些不饱和烃类液化气、化学气体类液化气和化学品类液化气,因其化学性质活泼,对有些材料有腐蚀作用,如氨与铜、铝、锌及它们的合金不相容,丁二烯与铜、铝等金属不相容,载运液化气货品时,必须查阅货品资料说明,严格遵守具体货物所规定的特殊注意事项,避免在货物系统中使用与货品不相容,有腐蚀作用的物质材料,比如液化气船装运氨和丁二烯等货品时,货物压缩机中的铝质活塞就要更换,系统内避免使用铜质材料,等等。

有些液化气货品,在有水分存在的情况下,会大大增加它的腐蚀性和反应性。如乙醛、氯乙烷、氯、二氧化硫等液化气货品在干燥状态下均与钢质材料相容,但如潮湿有水分时均会对钢质材料产生腐蚀损坏作用,载运这类货品时货物系统必须高度除湿和清除水分,货品内不允许含水分。

(二)低温冷脆危害

全冷冻式液化的液化气货品是在低温状态下载运的、特别是像LNG和LEG等货品,液体温度甚至低于−100 ℃ 。即使是常温加压状态下载运,货物一旦泄漏到大气环境中时,也会迅速汽化,并吸收汽化潜热而使与之接触的物质材料或人体产生低温效应。低温将给人员、设备、结构材料等带来极大的危害。

当低温液货泄漏出来时,不可避免会对不能耐低温的船体金属片材料造成低温冷脆断裂的危害。

货物系统中的水分,如潮湿的气体和露点温度较高的惰性气体中携带的水分以及溶解在货物中的水分,都会由于液化气货物的低温而结冰。结冰的危害同水合物一样,都会对货泵、阀门、传感器管路、喷淋管路和液位测量设备等造成损坏或堵塞。

(三)软化

液化气货品除对金属材料有腐蚀性外,对橡胶材料和垫片材料等还有软化性或腐蚀溶化性。某些烃类液化气还能溶于润滑油中,使润滑油稀释而使货物压缩机等货物机械润滑不足。有些液化气(如LPG等)只寸油脂的溶解作用会使机件脱脂,阀门失去润滑,并能使那些油脂制的油漆和脂膏溶解,在实际中应注意避免受到这些影响。

三、对环境的危害

温室效应、全球酸化(酸雨)和臭氧层破坏是当今世界上引人瞩目的三大全球性环境问题,已成为国际环境保护的热点和国际环境科学研究的首要任务,另外光化学烟雾的危害也日益严重。

大多数液化气货品在大气环境条件下是气体状态,一旦泄漏,均是以气态形式存在并排入大气中,在一定数量、浓度和持续作用时间的条件下,显然会造成大气污染。

四、反应性危害

液化气货品与水、空气以及自身易发生反应,一旦发生化学反应,不但影响货品的质量,也容易生成新的物质,对船舶安全产生极大影响,所有载运的货物都会为船舶提供货物质量检验报告,为货物的运输和管理提供依据。

液化气货品与臭氧发生链式反应,泄漏到大气中的货物对臭氧层破坏极大,所有的货物操作都采取全封闭操作方法,包括接管、计量、取样。

五、可燃性和爆炸危害

液化气货品的可燃和爆炸性都相当强,爆炸上限和下限间隔相当大,发生燃烧和爆炸都很难控制,所以严格控制,防患于未然是根本,以免对船舶和人身造成重大损害。

液化气货品大部分都是易蒸发和易燃、易爆物品,它的燃烧爆炸会对人员、船舶及周围环境造成巨大的破坏。本节主要叙述液化气容易燃烧爆炸的特性及爆炸的形式与危害,有关预防火灾和液化气消防及火灾应急操作等内容在其他章节介绍。

六、极低温度危害

液化气货品的沸点都很低,而且很多货物都是低温运输的,这些货物发生泄漏时会快速的蒸发汽化,汽化时会吸收大量的热量(汽化潜热),对船舶和人员都会造成极大的低温伤害。

七、压力危害

液化气都是在封闭系统内贮存运输的,不管它是在常温压力式船,还是常压全冷式船,或者半压式船运输,它的液货都是处于沸腾状态的,液体上方是货物蒸气并呈现与之相应的饱和蒸气压力。为防止空气漏入,货物系统内都是正压的。有些危险货品(如环氧乙烷)需在低于沸点温度下运输以防止发生聚合反应。即使如此,它的货舱内仍须充氮以保持液货舱的压力高于大气压力。

在载运中液舱外热量传进液货时,液体温度升高,液体蒸发量增大,舱内的蒸气压变大。对于全压式液化气船,它的液舱能承受升高的货物蒸气压力,而承压能力低的全冷或半冷式船,为了控制液舱的压力在设计限度之内,就需要或是用再液化装置抽出液舱增多的蒸气,经再液化(冷凝)后再送回液化;或同大多数的LNG船一样,利用蒸发的气体作为推进系统的燃料,或是直接排放掉。如果沸腾液体上方的蒸气压力提高,则液面蒸发减少,而液面上的压力降低,则蒸发增加。另一方面当液体升温时,蒸发会增加,反之降温蒸发会减少。

1.高压的危害

在封闭系统中,温度升高,液化气蒸气压力变大,而货物系统是有压力限制的,一旦压力高于设计许可值,就会对系统造成损坏或造成危险。为此在操作时,如在打开阀门、盲板等设备前,应利用仪表等来检查判断系统内是否存在高压的蒸气或液体,以免对人员、设备造成损害。

为了保护货物系统免受高压损害,应对压力释放阀保持良好的维护与校正,定期将积聚在出口侧会影响压力释放阀工作的液体排放掉,使之处于有效工作状态,对于液化气在高温高压下产生爆炸等危害已在前面论述过,此处不再重复。

2.液货舱负压的危害

为了防止外界空气侵入与货物形成爆炸性混合气体,液货舱及货物系统内部应保持正压,即使舱内仅有货物蒸气或惰性气体时也是如此。

货舱内出现负压,除可能会吸入空气外,还可能会破坏货舱结构。对于压力式容器货舱,设计上是可以承受一定的负压,但对于屏壁材料很薄的薄膜式和半薄膜式货舱则要特别小心,因为较小的负压或压力差就极易损坏它的结构。

在进行降温、升温、装货、卸货等货物作业时,或者由于气候变化和日夜温差等影响,都可能改变货舱内和屏壁间处所内的压力。为了防止货舱内出现负压,可以利用以下办法来维持货舱内正压力:

(1)连通装载相同货物的货舱气相管线;

(2)将装载相同液货的货舱内的液货或蒸气进行循环;

(3)用液货泵将货舱内液货进行循环;

(4)将货物升温。

八、聚合货物的危害

液化气货品中有很多不饱和、不稳定,条件合适的时候,货物本身会发生聚合反应,这些货品都要按照要求添加防止聚合反应的抑制剂。船舶装聚合性质的货物时,需要查实抑制剂的种类和证书,特别注意抑制剂的有效期。

第二节　液化气船对货物危害的控制

要点

针对不同液化气货品的不同危害性,船舶必须采取相应的预防控制措施才能确保安全。

必备知识

1.密闭场所惰化、干燥及检测手段

对于要求部分设次屏壁的用于易燃气体的货物围护系统的屏壁间处所和货舱处所,均应使用适当的干燥惰性气体进行惰化,并用船上惰性气体发生系统或用船上储存的惰性气体提供补充的惰性气体以保持惰化。船上储存的惰性气体应至少能满足30天的正常消耗;全冷式LPG、LNG舱壁外的货物维护系统,需要惰化处理,并保持干燥。

2.静电防护措施

(1)人员作业着装,防静电服、防静电鞋,手套等;

(2)装卸货时接地线(接管时先接地线,拆管时后拆地线);

(3)甲板栏杆扶手不应全部涂油漆,应留有裸露部分以消除人体静电;

(4)所有管路连接处应由铜线(板)桥式连接两法兰;

(5)货物装卸总管处接货槽的格栅应用非金属类材料;

(6)在货物区域作业应使用本质安全型通信器材和照明设备;

(7)装卸货物作业开始时,要慢速以减少静电荷聚集。

3.货物控制

(1)温度控制:根据航行区域的温度科学配载;利用水喷淋系统货罐表面降温;利用货物喷淋系统货舱内部降温;接收全冷式液货时调控货物加热器,适温装货;全冷式LPG利用再液化装置降温。

(2)压力控制:控制装货速度;利用水喷淋系统货罐表面降温、降压;利用货物喷淋系统货舱内部降温、降压;利用货物压缩机降压;利用气相管回气到岸上;全冷式LPG防止卸货造成负压可采用货物加热器增压。

4.通风

密闭场所采取自然通风和机械通风。对于装有驱动货物压缩机或货泵的电动机舱和除装有惰性气体发生器处所以外的机器处所、如被认为是气体安全处所的货物控制室以及货物区域内的其他气体安全处所,均应采用正压式通风。对于货物压缩机舱和马达间以及被认为是气体危险处所的货物控制室,均应采用机械通风。马达间采用正压通风,压缩机间采用负压通风。

5.隔离

货舱与船壳之间用预留间来隔离,一旦船舶发生碰撞、搁浅等船壳破损事故时,起到对货舱的保护作用。货物发生泄漏时,也会先泄漏到预留间里。LNG船用主屏蔽和次屏蔽来隔离货舱与外界。

6.电气安全

电气设备或电缆均不得被安装在气体危险处所或气体危险区域内。如因作业必需,应满足并经主管机关批准后,合格安全的电气设备方可在涉及易燃性的大气中进行作业。使用正压型或防爆型照明设备。

7.防止货物反应的措施

液化气的反应有:和水反应形成水合物;液货内部自身的聚合反应;和空气反应;和其他货物或其他物质的反应。其中与水反应及聚合反应两方面内容前面已作介绍,此处只对后面的三方面内容作阐述说明。

(1)与空气反应

某些不饱和烃类,特别是二烯烃类的液化气很容易与空气中的氧反应生成不稳定的过氧化物,并会导致爆炸。液化气货物与空气生成的过氧化物,以易爆的粉末形式沉积于管线或货舱内,遇到轻微晃动或锤击就会爆炸。另外,少量的过氧化物和烯烃或二烯烃混合时会引发货物自身的聚合反应。为了避免过氧化物的生成,必须对这些货物进行抑制,或是在惰性气体覆盖下载运,使之与氧气隔离。

过氧化物的抑制剂是具有减慢或阻止氧化反应作用的化合物或材料。某些抑制剂可以分解已经生成的过氧化物,还有的抑制剂在烃类未与氧反应之前就和氧反应。抑制剂随时间延长而不断消耗,如果航程或时间很长,需不断补充。另外这类抑制剂可能不溶解于货物中而沉淀,平时要定期用泵等不断搅拌。

(2)与其他货物的反应

某些货物之间可以发生剧烈的危险反应,为此应防止不相容的货物混装。如果同一船要载运两种不相容的货品,必须要采用独立的管系、货舱、再液化设备、透气系统等。

氨会与二氧化碳反应生成碳酸铵,它将沉积于液货舱壁并可能阻塞管路。所以装运氨的液货舱不能用燃烧制成的惰性气体。压缩机的润滑油也会与某些液化气货物发生反应。

两种货物是否发生危险反应,应查阅这两种货物的资料表,并严格遵守有关规则的规定。表9-1给出常见的液化气货品之间的相容性。其中打叉(×)表示两类物品相混时会发生危险反应,应努力避免这两种液化气货物的意外混合。

表9-2给出了换装液化气货物时货舱净化技术要求。

表9-1 常见液化气货品的相互反应性表

	甲烷	乙烷	丙烷	丁烷	乙烯	丙烯	丁烯	丁二烯/异戊二烯	氨	氯乙烯单体	环氧乙烷	氧丙烯	氯(干燥的)	水蒸气	氧	二氧化碳	空气
甲烷													×				
乙烷													×				
丙烷													×				
丁烷													×				
乙烯													×				
丙烯													×				
丁烯													×				
丁二烯/异戊二烯													×	×	×		×
氨											×	×	×	×			
氯乙烯单体													×		×		×
环氧乙烷									×						×		×
氧丙烯									×								
氯(干燥的)	×	×	×	×	×	×	×	×	×	×							
水蒸气								×	×								
氧								×		×	×						
二氧化碳																	
空气								×		×	×						

表9-2 换装货物时上次货物净化技术要求表

上次货物 / 待装货	丙烯	混合C4	异丁烯	正丁烯	丁烷	丁二烯	乙烯	氯乙烯	氨
丙烯(注C)	100	C	C	C	C	C	D	A	B
混合C4	20	100	100	100	100	50	5	A	B
异丁烯	1	10	100	10	20	10	5	A	B
正丁烯	100	100	100	100	100	100	5	A	B
丁二烯(注C)	1	10	10	10	5	100	5	A	D

注:重要的是:这些数字只是指导性的,在每次装载前有待查明,因为它们是根据各项货物的技术要求而定的。

A.当上次的货物是VCM(氯乙烯单体)时,气体浓度按容积计应小于100 ppm;

B.当上次的货物是氨时,气体浓度按体积计应小于20 ppm;

C.根据货主要求和装载港而定,每次需核实;

D.浓度按容积计小于1000 ppm。

8.防止液化气货品中毒伤害的措施

(1)在货物作业或其他可能接触到有毒液化气液体或蒸气的作业中正确穿戴好防护服、呼吸器具及防护用品;

(2)船上有毒气体检测仪必须按规定配备并妥善维护保养,保证随时可用,在进入可能存在有毒气体的处所前,或对环境的空气质量有怀疑时,必须先检测气体,然后采取相应的防护措施才能进入;

(3)气体检测:通过固定式可燃气体探测设备和便携式可燃气体探测仪进行气体测试。主要有测氧仪、测爆仪、烃气含量测试仪等。测试仪器使用前必须进行校准方可使用,热工作业要进行测爆。进入封闭场所要进行含氧量测试,进入时必须随身携带微型氧气报警仪。

9.防止液化气货品冻伤的措施

(1)在货物作业期间,按规定穿着合适的防护服和护目镜,避免液化气喷溅到人体和眼睛造成冻伤;

(2)穿戴手套等防护属具,避免直接与冷的货物管线及设备等直接接触;

(3)按正确的方法使用滑管式液位计,在拆卸货物软管或装卸臂时,小心避免被液相管内喷出的液货冻伤。

10.防止液化气货品化学灼伤的措施

(1)在货物作业期间,按规定穿着合适的防护服和护目镜,避免液化气喷溅到人体和眼睛造成灼伤;

(2)进入含有会引起化学灼伤的货品蒸气的环境和处所时,必须穿防护服戴呼吸器;

(3)按正确的方法和程序拆卸货物软管或装卸臂时,小心避免被管线内喷出的液货造成化学灼伤;

(4)甲板上设置的淋浴装置和眼睛冲洗装置应处于随时可用。

11.货物置换时的操作

进坞修船和更换货种时须进行货舱的置换。严格按置换计划进行操作,特别注意液货易残留部位,如货物加热器、管路的弯头处、货泵、压缩机间、通向舱内的所有管路等,确认无液货后方可作业。

12.船舶危险保养时的控制措施

(1)不得使用电动工具,除锈时应使用气动驱动工具;

(2)冷工作业使用不能产生火花的工具;

(3)不得热工作业。

13.货物系统修理时的注意事项

(1)残留液货必须处理干净

(2)施工现场必须进行测爆,合格后作业

(3)使用安全专用工具

第三节　人员的安全防护措施

要点

　　液化气船上必须配备足够的人员安全保护装置,以便在货物作业、进入气体非安全处所、应急救护、救生和应急逃生中,对人员安全起安全防护作用,避免或最大程度减少货品对人体造成的危害。

必备知识

一、人员安全防护装置的配备要求

　　液化气船必须根据实际情况和相关法规的要求,相应配备以下的几种或全部的人员安全保护用具和装备,这些人员安全保护用具和装备包括消防员装备、安全设备、压缩空气补给装置、应急逃生保护用具、眼睛冲洗装置及水淋浴装置、装卸作业人员保护用具、急救设备和物品、其他安全用具与装置等。

(一)消防员装备

1.配备数量要求

凡装载易燃货物的船舶,均应按要求配备消防员设备。

2.消防员装备的组成和要求

主要是由一套个人配备、一具自给式空气呼吸器和一根耐火救生绳组成。

(1)自给式空气呼吸器

一具自给式压缩空气呼吸器,其空气瓶内空气储存量至少应有 1 200 L。

或者:一具自给式呼吸器,其可供使用的时间至少为 30 min

(2)个人配备

包括防护服、手套和消防靴、消防头盔、安全电灯(手提灯)和太平斧等。它们的要求如下:

A:防护服:其材料应能保护皮肤不受火焰的热辐射,并不受蒸气的灼伤和烫伤,衣服的外表应是防水的。

B:消防靴和手套:由橡胶或其他不导电材料制成。

C:消防头盔:对撞击能提供有效防护。

D:安全电灯(手提灯):要求是认可型的电器用具,且照明时间至少为3 h。

E:太平斧:需是主管机关认可的设备。

(3)耐火救生绳

每一呼吸器应配备一根,并且长度和强度足够。此绳应能用弹条卡钩系在呼吸器的背带上,或系在一条分开的腰带上,使在拉曳救生绳时防止呼吸器脱开。

3.消防员装备的存放要求

消防员装备或个人配备,应储存在易于到达、有明显标志和即可取用之储物柜内。每套消防员装备的贮存位置应尽量远离。

(二)空气呼吸器的压缩空气补给设备

1.压缩空气补给装置

包括每个呼吸器配备的一个备用空气瓶、专用的空气压缩机、能为各个备用气瓶充气的岐管与阀箱。

2.备用气瓶组

能对每一个呼吸器提供自由空气总量至少为6 000 L的充满空气的备用气瓶。

3.作为一种替代措施

可用一种适合于呼吸器的具有软管接头的低压空气管路系统。该系统应提供足量的高压空气,通过减压装置供应低压空气,以便能使两个人在气体危险处所内工作至少1 h不需动用呼吸器的气瓶。应设有能使适合于供应所要求纯度的高压空气的特种空气压缩机向固定空气气瓶和呼吸气瓶再充气。

二、人员防护的安全用具

(一)救生衣及装备

液化气船上需要配备足够的救生衣、救生圈,还需要配备浸水保温服。

(二)呼吸器的使用

1.自给式空气呼吸器

这是一种自给开放式的呼吸器。由佩戴者自携压缩空气瓶供气,压缩空气通过软管和调节器进入面罩,呼出的气体则经过呼气阀排入大气。压力计显示出空气瓶中的压力,并在供气量不足时由音响报警器发出声响。便用者可将面具调整到适合自己的气压和气密程度。这种呼吸器分为正压型和负压型两种,液化气船上采用的是正压型,其面罩内压力稍高于外界压力,能防止外界有害气体侵入,安全性较高。

2.空气管路式呼吸器

这种形式的压缩空气设备和减压阀置于污染气体之外。呼吸所需的空气通过一条小口径的空气软管送到恒压阀和面罩内。

空气压缩机输出的空气首先要经过适当的过滤,然后降压到设计值,以适合面具用气的需要。因输气软管的直径较小,所以空气压力不得再减弱,供气源压力经过调整后应始终保持恒定。当空气压缩机不能保持恒定气压时,就应把供气源与事先准备好的储气罐接通,以应付紧急情况。在输气软管中还设有一条通话线路,可使值守人员和使用者之间沟通联络。

在使用这种呼吸装置时,必须指派一名受过专门训练的人员,对空气软管、气压计和供气转换机构的管理系统进行有效的监督和操作管理。对于使用者来说,也应直接掌握一些有关知识,特别应注意空气清洁过滤系统和装置异常的情况。

由于自给式空气呼吸器的工作时间受压缩空气瓶储气量限制,人员又必须背负重且碍事的空气瓶,活动空间受到限制。而采用管路式空气呼吸器时,通过增加空气软管的长度,可使使用者能更深入到封闭舱中去工作,同时可通过采用大空气瓶装置和用换瓶装置,或者利用空气压缩机持续有效运转来达到延长使用人员的工作时间。

尽管在设计上通过恒压阀控制可使面罩内保持正压,但如果不正确佩戴面罩,外面的污染气体仍可能会漏入面罩内,必须按照说明书要求彻底检查面罩戴在使用人脸上时的紧密性。试验表明,使用者脸上蓄胡子将无法保证面罩的气密性。

另外,在使用这种呼吸器时应注意以下几点:

(1)面具必须经过调整和检查,确保气密;

(2)使用前应检查供气压力和质量;

(3)使用前应测试低压音响报警器;

(4)使用者应将软管避开各种突出物;

(5)输气管总长不得超过90 m。

3.呼吸器的保管、使用和保养的一般要求

(1)呼吸器应由专人保管。应将各种呼吸器成套完整地保存在易于取出的地方。将储气瓶充满待用并经常检查气压计。存放处应经常清扫,保持卫生、干燥。

(2)各种类型的呼吸器每个月必须由一个负责的高级船员进行一次检查和测试。每年由专家检测一次。一旦发现缺陷应立即修复。对呼吸器进行的所有检修保养事实要做好档案记载并要善保存。检修保养后要进行一次清理消毒。每个月内也应进行一次消毒。空气瓶在使用后应尽快充气备用。

(3)在使用中一旦发现呼吸器供气情况可疑,必须马上撤离作业现场。

（4）由于呼吸器的使用有许多技能和知识，所以对液化气船上的工作人员，特别是担当液化气船消防队员的人员来说，应经常进行使用训练和演习，以增长实践经验。通常要求只有经过训练的人员才可使用自给式或空气管路式呼吸器。

切记：错误和不当的操作都会给使用者带来生命危险。

（5）有些船配有小型的呼吸器，其供气量仅可维持约15 min。这种装备仅作为应急逃生之用，不应作为他用。

（三）防毒面具

在紧急的情况下人员需进入含有毒气、烟雾或缺氧状态的舱室时，必须佩戴呼吸器具。如果入舱后舱内可能存在或可能产生上述有害气体，则有关人员进入前也必须佩戴呼吸器具。

只有在特殊情况下，而且在没有其他选择余地的条件下才允许进入有毒性气体或缺氧的封闭舱室。

呼吸器具应设计得能向使用者提供足够的空气。这种空气可以存储在随身携带的钢瓶中，也可由新鲜空气源通过软管输送。

防毒面具和为保护使用者不受各种毒气损害而戴的含各种化学吸收剂型的滤毒罐，在高浓度货物蒸气和缺氧环境下都不具有保护作用，它不能制造氧气，也不能提供氧气，因而在任何情况下都不能代替呼吸器具。

1.过滤式防毒面具的原理

过滤式防毒面具由一个面罩连结一个可更换的滤毒罐组成，佩戴人在正常呼吸中把污染空气通过滤毒罐吸进。这种面具易于使用和保养，可以迅速戴上，遇上有大量货物蒸气释放时，作为一种简便有效的紧急逃生装置，能使人员撤退到一个安全地点。

2.过滤式防毒面具的使用条件

环境空气中的氧含量（体积浓度）不低于18%；环境温度在-30℃至+45℃之间；环境空气中的有毒气体浓度应符合规定，一般应小于2%（体积）。过滤式防毒面具一般不能在密闭容器中使用。

（四）氧气复苏器

任何情况下对呼吸停止或呼吸困难者，都应立即进行人工呼吸。但如果病人是吸入了有毒的气体或惰气，若采用嘴对嘴或嘴对鼻人工呼吸抢救时，可能会使救助者被病人肺部压出的气体伤害。这时可采用氧气复苏器进行抢救。氧气复苏器的作用是对呼吸停止或呼吸困难的伤员供给足够的氧气，以帮助伤员复苏，它使急救的人工呼吸效果更加可靠。

氧气复苏器主要由呼吸面罩、止回阀、可压缩换气袋、氧气袋阀和氧气袋等组成，见图9-1。

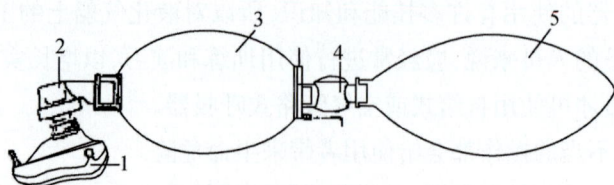

1-呼吸面罩;2-止回阀;3-可压缩换气袋;4-氧气袋阀;5-氧气袋

图9-1 氧气复苏器

新式氧气复苏器有面罩、压缩氧气瓶以及在呼吸道有障碍时会发出声音报警的自动控制器,并配有8 m长的标准软管,有些船还另配一根15 m长的软管。附有氧气瓶和控制器的手提箱可以固定安装,而把面罩送给躺在狭窄部位的伤员进行急救。

(五)防护服

为防止液化气船员在作业中受到意外伤害,除前面介绍的呼吸器和氧气复苏器外,液化气船还配有其他功能齐全的个人防护安全用具,主要有:防护服、安全帽、保护眼镜、防护手套、安全鞋、安全带等。

1.防护服

防护服主要包括工作保护服和消防服两类。

(1)工作保护服

液化气船上配备的工作保护服有各种不同类型,有的用以防止液货飞溅,有的是正压气密全套服,并配有头盔、手套和靴,这些保护服还应耐低温和溶剂。例如:全身防护服、防毒服、耐酸服、通气冷却服、通水冷却服、防静电工作服等。

不是所有的防护服对所有危险货物都有抵制作用的,应取得制造商对这种防护服适用于具体物体的说明。其他有一定厚度的材料,即使这种材料本身可能被危险物质所侵蚀,也能起到一定程度的保护作用。所有污染了的防护服应洗净,或者将其安全地予以处置。一般而言,"全套防护服"包括有靴子、连体的工作服、手套、护目镜和安全帽等。

(2)消防服(防火服)

消防服在某种程度上有防热辐射以及防止烧伤的作用。目前,在液化气船上使用的防火服是轻质防火纤维制成的,并套以铝皮外罩,被称为"近火服",穿着这种服装不能直接进入火区。还有一种叫做"蹈火服"的防护服,消防人员穿着此服装并佩戴呼吸器具后,就可以直接进入火区,而不会使人员受到伤害。

早期的石棉消防服现已不再推荐使用。与用新型防火材料制成的防护服相比,石棉吸热和传热的能力要大得多,而且石棉服的防火效果不能持久,特别是在潮湿的情况下,遇火而产生的蒸气会烫伤穿着人员。

①近火服

近火服主要包括：

A.带头罩的外衣和裤子(覆盖双腿、上身和双臂)；

B.覆盖整个头部、双肩和上身的头罩(带有一个反射热量透明护罩)；

C.厚手套；

D.双脚的特殊覆盖。

这种消防衣外表覆盖有高度反射材料(可反射90%辐射热)，穿戴它可将消防员包围在抗热体内，可以接近火。但是，直接接触火焰则不能起防护作用。消防员佩戴的自给式呼吸器必须置于抗热消防衣的里面。否则，靠近火时呼吸器内的气体被烤热，吸入后会损害穿戴者的呼吸道。

扑灭乙类和丙类火时穿戴抗热消防衣特别有效。它使消防人员能够尽可能靠近火，以进行有效的灭火。如果在接近火时用水冷却，穿戴者就更安全。

②蹈火服

进入火区蹈火服包括长筒靴、裤子、外衣和头罩。这些物品都是由镀铝、反射热的玻璃纤维材料所制成的。最外一层是镀铝玻璃纤维。视野护罩是由特殊反射热的材料做成的，并密封在头罩内。

衣服上的拉带和扣子围绕着穿戴者形成气密。穿上衣服后，头罩的带子结在外衣上，所以，不会意外脱落。衣服里面带着一个空气包(自带气式呼吸器)，衣服(不是空气包)可存放在手提包里。

进入火区消防服的大小和肥瘦可按消防员体型进行调节，消防人员应熟悉穿戴程序并加以训练，直至能够迅速地带上空气包、穿戴消防服。每次使用后，应该清洗(特别是去油污)，贮存之前如有破裂应该用所配备的修理盒或者按照制造厂的说明书来加以修补。空气包内必须放着一个充满空气的钢瓶。

进入火区消防服于815.5℃高温下，在短时间内可使穿戴者不与火焰直接接触而得到保护。穿这种衣服可以进入火区进行救护工作、关闭燃料阀以及执行类似的应急任务。但是，穿戴者必须速进速出，做完必须做的事情后，不能在火区逗留徘徊。

③防火服的存放与使用注意事项

A.各种防火服均应干燥存放；

B.防火服应存放于呼吸器具附近；

C.穿着时应注意妥善系好扣带并扎紧；

D.在特殊情况下穿着湿的防火服会有被蒸气烫伤的危险；

E.应有带着手套的人员在旁边待命，以便随时可帮助脱去变得很热的防护服；

F.在有毒的货物着火、或燃烧产物有毒或有刺激性、或消防人员有被烟气窒息的危险等情况下，消防人员应佩戴呼吸器。

2.安全帽

安全帽是用来保护头部的,可以防止高空坠物和飞来冲击等外来伤害。安全帽是一种常见的安全防护器具,这里不再作详细介绍。

3.保护眼镜

保护眼镜是用来防止液货及其蒸气对眼睛所引起的伤害。

(1)构造

液化气船船员使用的保护眼镜多是气密的眼睛保护设备,与脸部接触严密。镜架能耐酸和碱,镜片用普通玻璃制作。

(2)使用与维护

①保护眼镜的大小要恰好适合使用者,以保证其气密性。

②这种保护眼镜只适合在有轻微毒性或刺激性不太强的情况下使用。

③每次用过都应予以清洁或消毒,然后存放于干净处。

4.防护手套

防护手套是用来保护作业者双手的。因为船员进行作业主要是用手操作,这就意味着手要经常处于危险之中,所以,必须戴上防护手套加以保护。

(1)构造

手套采用五指手套。制作材料是天然橡胶或合成橡胶。

(2)使用和维护

①使用前,应检查手套是否完好,检查方法是:从手套口吹入空气,使它稍欲鼓胀起来,再从手套口开始折叠,看有无漏气现象,如漏气,应更换新手套。

②用过之后应清洗干净。

1.安全靴(鞋)

安全靴(鞋)是用来保护脚的防护用品。

(1)构造

适合液化气船作业条件的安全靴(鞋),其构造必须具备以下几个条件:

①耐冲击性。物体掉落在脚上时能保护脚不受伤害。

②防滑性。遇到光滑的物件时应能防滑。

③耐穿透性。如踩在钉子等尖锐物件上时能保护脚不受伤害。

(2)使用和维护

①挑选合适的鞋号。

②对于特殊的作业,还必须满足它的特殊要求。在处理酸、碱或有毒液化气体的泄漏时,应穿长筒橡胶靴。进入生活区须先在甲板上用水冲洗干净。

6.安全带

安全带是防止作业人员高空坠落的防护用品,也可用来救助舱深处的受伤人员。

（1）构造

安全带由带、绳、金属配件三部分组成。目前我国的安全带标准,是确定用绵纶材料制造安全带的带和绳,它具有强度大、耐酸碱,耐磨损、耐虫蛀等特点。

（2）使用和维护

①水平栓挂。使用单腰带型安全带,应将安全带系在腰部,绳挂钩挂在和带同一水平的位置,人和挂钩保持差不多绳长的距离。

②高挂低用。将安全带的绳挂在高处,人在下面工作,这叫作高挂低用。是一种较安全的使用方法。

③使用前,要检查安全带的缝刺部分和接钩部分,检查稳线是否发生断裂和磨损。如有损坏,应换新。

④保持绳上的保护套完好,以防绳被磨损。若发现保护套丢失,应加上后再使用。

（六）应急逃生呼吸设备（EEBD）

1.应急逃生呼吸器具的组成

（1）适用于货物的过滤式防毒面具,或至少15 min持续工作时间的自给式空气呼吸器;

（2）眼睛保护设备（保护眼镜）。

2.必须配备应急逃生保护用具的液化气货品

只有装载下列有毒货品时才要求装配。这些货品包括:异丙胺、溴甲烷、乙胺、二氧化硫、氯乙烯、乙氧基乙烯、亚乙烯基氯、氨、氯、乙醚、二甲基胺、环氧乙烷等12种货品。

3.应急逃生呼吸器具的要求

（1）过滤式防毒面具:必须适合于船舶适装证书上所载明的所有货物,否则必须改用自给式空气呼吸管。

（2）自给式空气呼吸器:必须具有至少15 min的持续工作时间。

（3）应急逃生用的呼吸防毒面具或空气呼吸器等不能用作灭火或货物装卸作业用。对它们应作出区别标志。

（七）其他安全用具与装置

包括安全工具、防静电工作服和防静电工作鞋、皮肤保护液、耐寒保温服、存放各种安全用具与装备的储物柜,等等。

第十章

液化气货品的安全管理

第一节　遵守相关规则和条例的重要性

要点

以遵纪守法为荣，以违法乱纪为耻，遵守法律法规是我们每个公民都应尽的责任。为保证水上船舶和人命安全，防止破坏水域和大气环境，国家制定了相关的法规。我们应该自觉去尊重和遵守这些规则，而不是被动地被规则牵着走。

必备知识

一、违章操作的危害性

案例是经验，案例是教训，液化气船的特殊性决定其事故的非常性，案例中有的没有考虑到液化气船的液体性，忽略液体的自由液面对稳性的影响；有的是对液化气的蒸气和空气中的氧气形成可燃烧爆炸气体没有足够的重视，导致重大事故的发生。

通过学习案例，研究案例，使我们掌握液化气船的特殊性，防止恶性事故的再次发生，确保船舶航运中的安全。

二、案例分析

案例一："长威二号"起火爆炸事故

1.事故概况

2000年5月4日，载运500吨液化气的"长威二号"轮在码头开始卸货时，由于船员的违章操作，发生了液货舱爆炸起火的恶性事故，造成一名船员重伤，两名船员轻伤，船体严重破损。事故发生后，由于消防措施得力，船舶被拖至大沽口锚地，但是500吨液化气尚留在船上，随时有再次发生危险的可能。经调查发现该船舷外侧被炸开了直径一米的口子，已经处于不适航状态，无法继续航行；因爆炸造成卸货泵和压缩机同时损坏，无法修复，船舶已经不能正常卸货。

2.事故分析

在"长威二号"轮火灾事故中，船长作为船舶卸货的总指挥，事先知道大副告示内容"因潮水关系暂时不能卸货,任何人不得离船。",船长理应在卸货时坚守岗位,对卸货期间出现的异常情况作应急处理。然而,船长下陆地买药迟迟不回。轮机长作为卸货设备管理负责人和液货泵启动、管理的负责人未尽职责,离船买药直至事故发生后才回船,这与船公司"装卸计划未定时,全体船员不得离船"不相符合。水手长在排空值守时,面对码头而不是面向透气桅,以致未能及时发现液化气的威胁外泄,从而造成大量液态液化气从透气桅排(喷)出,散落在罐体和走道步桥上形成可燃气体。

"长威二号"排空过程中发生液态液化气外泄事件,船员未能按规定向主管机关报告;尤其是在未对液态液化气外泄的现场做任何处理情况下,也未进行测爆,下令卸货。大副在船长不在船的情况下,在准备卸货过程中,未指定有关人员到驾驶台值班,致使驾驶台成为无人监控的真空状态,可燃气体探测装置的作用失去意义。水手长接到通知启动液货泵,在进入电机舱时已经闻到很浓的液化气味,在不报告和不请示的情况下,盲目按下液货泵的启动按钮,缺乏起码的安全意识。大管轮在听到大副的卸货命令时,明知液化气外泄,未提醒大副延迟或阻止卸货,却未加思索通知水手长启动液货泵电机。

3.教训和启示

"长威二号"爆炸事故发生后,相关部门对事故进行了调查。由调查结果可知,造成本次事故的直接原因是卸货期间船上人员没有完全到位;部分船员违章操作;现场指挥不当。由此可见,一方面加强船舶的安全管理,提高船务公司的安全素质,提高船员的安全意识和安全操作技能是加强水上运输安全管理的重要保证。但是另一方面任何建立科学的防预机制,并在事故发生后采取合理的应急措施也是我们应该重视的。

案例二:液相管路安全阀泄漏

1.经过

2009年11月25日,某全压式LPG船,在码头卸货期间,甲班值班人员发现甲板有液化气气体味道,不是很浓。误认为是码头残留气味。但卸货约一个小时后气味加大,同时发现透气桅有结霜现象,将透气桅根部放残阀打开后有液体流出,经确认后是业火。判断货物泄漏。

2.紧急处理

立即停止卸货,全面排查。检查所有气相、液相管路、阀门均正常,最后沿着透气桅根部结霜处逆向查找,沿着气相管路一段一段排查,最后查到液货管线安全阀泄漏,当时卸货压力5~6kg。

(1)启动压缩机将液货管线液货扫线入舱;
(2)打开气液联通阀将透气桅液货自流到液相管;
(3)将透气桅残留液货放出;
(4)将安全阀出口用盲板封死;
(5)续卸,安全阀送岸修理。

第十章　液化气货品的安全管理

171

3.事故分析

安全阀设备缺陷,安全阀每年都有专业机构进行年检,货物安全阀都比较重视,管路上的安全阀重视程度不够。

4.注意事项

值班人员加强值班,及时发现问题及时处理。安全阀年检试压时由专人负责。

第二节　液化气船安全文化和安全管理

要点

随着市场经济的发展,人们生活水平的提高,工业、民用的液化气数量逐年递增,从而促进了液化气船的发展。因此,相关的液化气船的安全管理也必须不断地充实和完善。只有抓好安全管理工作,才能提高经济效益和社会效益。

必备知识

一、船舶安全管理

要保证液化气船水上运输的安全,首先船舶本身应具备一定的安全、防污染技术条件。船舶必须通过检验,取得相应的证书如适装证书后,才能载运经营。

内河液化气船在航行、停泊和作业过程中,应当遵守有关安全生产方面的规定,主要包括以下几方面内容:

1.具备一定的技术条件,处于适航和适装状态;

2.按规定显示危险品信号,遵守有关危险品船舶航行、停泊、作业的有关规定;

3.船上操作必须严格遵守有关安全生产操作规程,采取有效措施,防止火灾、爆炸和人身伤亡等事故的发生;

4.按规范配备消防、急救和防污染设施,并处于随时可用状态,以应付可能发生的紧急情况;

5.做好人员防护工作,防止发生人员伤亡事故。

二、船员安全管理

船舶的技术条件固然重要,如果配备的船员不具备一定的液化气船安全知识和安全操作技能,不熟悉船舶的情况,仍然无法保障船舶的安全。

根据我国船员管理的要求和内河液化气船的特点,我国的船舶管理法规对内河液化气船船员的任职、培训、考试发证和再有效审验等方面作出了规定。

根据规定,内河液化气船的船员在从事液化气船工作前,除了需要掌握一般液货船船员需要掌握的知识外,还应了解船舶载运货物的基本性质,了解船舶的构造与设备,熟悉消防、防污染及人员防护等方面的应急反应程序,学习液化气船的基本安全知识、船舶消防、防污染、测量设备、安全防护设备及急救、安全管理法规和安全操作等方面的内容,经培训考试发证后才能在液化气船工作。

由于每艘船的设备并不完全相同,任何持证船员在液化气船服务时,应尽快熟悉该船情况:船型;船舶可以载运的货物种类及适载的液货舱;液货舱的结构、材料、种类及保护设施要求;货物系统包括货泵的种类、卸货能力、气液相管路系统、货物压缩机等;消防系统及灭火剂的种类和相关的控制系统;船上防污染设备和器材的情况、各种人身保护装置及各种气体检测设备等。

船员在实际工作中,应有高度的责任感,严格遵守船公司、船舶、港口和码头的安全管理规定,遵守船舶制定的安全操作规程。

三、货物安全管理

由于内河液化气船载运的货物中,具有比较特殊的危险性,因此,除了船舶、船员具备一定的安全条件外,也要考虑到货物的具体情况,采取相应的安全管理措施。

掌握船舶载运货物的性质,有利于在装卸、运输过程中,采取相应的措施,防止发生危险反应,造成船舶、设备、环境和人体健康的危害。

四、船岸安全管理要求

(一)信息交换

在船舶在抵码头之前,应就下述事项船、岸双方交换必要的信息资料。

1.船舶提供给码头

(1)抵达时的船舶吃水和纵倾;

(2)在货物装卸期间和装卸完毕时预计的最大吃水和纵倾;

(3)船长关于要求拖轮协助的通知;

(4)是否有任何会延迟开始货物装卸的修理工作;

(5)预先提供有关计划货物装卸作业的资料,或者有关更改原定的货物装卸作业计划的资料和货物配载情况;

(6)根据需要提供有关污油水、污压载水的数量和性质等。

2.码头提供给船舶

(1)低潮时的泊位水深和泊位处能预计到的海水盐度范围;

(2)当需要协助操纵和系泊时可供使用的拖船和带缆艇;

(3)准备使用船舶还是拖船的缆绳;

(4)要求船舶在全部系泊作业中具备可用的系泊缆绳与属具;

(5)准备提供的岸上系泊设备的详细资料;

(6)准备哪一舷靠泊;

(7)输货气液相管接头/管子的数目与规格;

(8)认为有必要预先通知船长的突堤码头所许可的最大接近速度和靠泊角度;

(9)系泊期间使用的听觉或视觉信号规则,包括靠泊时可供使用的驶往近速度指示器;

(10)对于突堤泊位,舷梯登岸位置的安排,或者码头可供使用的通道设备;

(11)预先提供有关计划液化气装卸作业或者更改原定的装卸作业计划的资料;

(12)关于环境和适用于泊位受载限制的通知;

(13)接收污油水的安排等。

(二)安全预防措施和应急程序

1.遵守码头和地方规则

码头应有维护安全和防止污染的规则,船舶和码头人员都必须遵守这些规则。停泊于码头的所有船舶必须熟悉这些规则以及相应的港口当局颁布的有关航运安全的其他规则。应当谨慎地注意关于在岸上各级危险分区的作业规则。

2.人员配备要求

在码头停泊期间,在船舶上和岸上设施方面都应当随时有足够数目的人员在场以备处理紧急情况。与各种作业有关的这些人员应当熟悉伴随着货物装卸操作的各种危险。

3.在货物装载作业期间,船与码头之间保持良好的通信是十分必要的。

4.船舶和码头安全事项的联系

船停泊妥当之后,码头代表应与船方负责人联系如下事项:

(1)约定指定的吸烟地点;

(2)约定厨房设备和炊具的限制条件;

(3)告知"作业许可证"和"热工作业许可证"的有关手续;

(4)告知附近有关的其他活动;

(5)提供码头或地方安全与防污染规则方面的资料;

(6)告知向码头应急服务机构、消防、医疗、警察和其他机构呼请援助的方法;

(7)就码头和油船的消防和应急设备的可用性和使用状况交换情况；

(8)讨论在发生火警或其他紧急情况的场合,船岸双方所应采取的行动；

(9)讨论紧急情况下有秩序地撤离泊位的准备,例如集合地点和自船向岸逃生的路线。

(三)"船/岸安全检查表"

船长和码头代表共同负责船舶在码头停靠期间的安全作业。货物装卸或压载作业开始之前,船长或其代表与码头代表应当:

(1)以书面形式约定装卸操作程序,包括最大装载或卸载速率；

(2)以书面形式约定货油装卸或压载作业期间,发生紧急事件时应采取的行动；

(3)填写并签署船/岸安全检查表。

(四)紧急离泊的方法

必须制定在紧急情况中必要时可以使船舶迅速和安全离泊的方法。这种紧急离泊操作所采用的具体方法,应将可能涉及的各种危险考虑在内,必须经过讨论再议定。

第十一章

液化气船舶防污染

第一节　液化气船对环境的污染途径及防污规则和法规

要点

　　社会经济的发展和人类生活方式,使地球的环境日益恶化,温室效应、臭氧层遭破坏、地球气候反常、酸雨、光化学烟雾、基因变异、胎儿畸形等等环境污染恶果严重危及人类安全和社会持续发展。许多国家,包括中国,环境问题都成为政策焦点,都相应制订了各自环境保护法,并按保护对象与防治对象制订了大量的专门性环境保护法规,颁布各种环境质量标准和污染物排放标准等。

　　由于液化气货品特性和水上运输的危险性,液化气船存在对大气和水域污染的可能性,必须最大限度地减少有害物质排放,地球上每个公民,包括液化气船员,对保护周围环境都负有不可推卸的责任。

必备知识

一、液化气船对大气和水域造成污染的途径

液化气船造成大气和水域污染的途径较多,但归纳起来主要是通过以下途径产生:

1.货物作业时货物气体的排放,包括正常排放和误操作引起液货和气体非正常泄漏排放。

2.液化气货品残液和残渣的排放。

3.货舱、压载舱、洗舱等含油或有毒物质的污水排放。

4.船舶加油、机舱驳油等油类作业中跑、冒、滴、漏等造成油污染。

5.碰撞、搁浅、触礁等海事引起的液货舱、燃油舱等破损时液货和油料的泄漏和排放。

6.船上火灾和爆炸等灾难性事故。

7.机舱动力和惰性气体发生装置的废气排放。

8.船舶排放生活污水、倾倒垃圾废物和舷外油漆作业等。

二、液化气船的主要污染源

1.货物(货油、散装有毒液体物质)的泄漏；
2.船用燃料油、润滑油等油类的泄漏；
3.机舱污油水的排放；
4.包装有害物质的排放；
5.船舶生活污水的排放；
6.船舶生活垃圾的排放；
7.消耗臭氧物质(氟里昂等气体)的排放；
8.主副机氮氧化物(NO_x)的排放；
9.主副机硫氧化物(SO_x)的排放；
10.挥发性有机化合物($VOCs$)的排放；
11.焚烧炉的违规焚烧；
12.船舶压载水的排放；
13.油漆的涂装。

三、国内液化气船的防污规则和法规

为保护水域环境及资源,防止污染损害,保护生态平衡,保障人体健康。我国制定了一系列的国家法律、法规：

1.《中华人民共和国海洋环境保护法》；
2.《中华人民共和国防止船舶污染海域管理条例》；
3.《中华人民共和国水污染防治法》；
4.《中华人民共和国环境保护法》；
5.《中华人民共和国大气污染防治法》；
6.《中华人民共和国固体废物污染环境防治法》；
7.《中华人民共和国环境噪声污染防治法》；
8.《中华人民共和国防止船舶污染海域管理条例》；
9.《中华人民共和国水污染防治法实施细则》；
10.《危险化学品安全管理条例》。

船舶排放含油污水应当符合内河船舶污染物排放标准:船舶含油污水(油船压舱水、洗舱水及船舶舱底污水)的含油量,最高允许排放浓度为15 mg/L。

船舶排放污染物应当符合国家和地方有关污染物的排放标准及要求,禁止船舶在内河水域使用焚烧炉。

在内河特殊保护水域内航行、停泊、作业的船舶应当遵守特殊保护水域有关防污染的规

第十一章 液化气船舶防污染
179

定和标准。

第二节　液化气船舶防污染的措施

提高船员对船舶污染的认识,掌握防污染措施,提高实际操作水平。

必备知识

一、船舶污染源的控制

1.货物的泄漏

(1)规范船舶货物的操作程序,加大监督、检查、指导力度。

(2)建立严格的货物操作记录制度,使操作记录制度化、规范化。

(3)规范船舶航行值班和航行操作安全。

(4)结合船舶操作特点和管理要求,建立相适应的环保管理体系。

2.船用燃料油、润滑油的油类的泄漏

(1)规范船舶船用油的操作程序,加大监督、检查、指导力度。

(2)建立严格的船用油操作记录制度,使操作记录制度化、规范化。

(3)规范船舶航行值班和航行操作安全。

(4)结合船舶操作特点和管理要求,建立相适应的环保管理体系。

3.机舱污油水的排放

(1)规范船舶机舱污油水的操作管理程序。

(2)建立严格的机舱污油水操作排放记录制度,使操作记录制度化、规范化。

(3)规范船舶机舱污油水的排岸接收程序。

(4)结合船舶操作特点和管理要求,建立相适应的环保管理体系。

(5)加强机舱设备的维护保养,减少跑、冒、滴、漏。

4.船舶压载水的排放

(1)规范船舶压载水操作管理程序,明确压载前、排放前、排放中的压载水检查、管理制度,并建立相应的检查操作记录。

(2)加大对有特殊要求的港口资料信息的收集,使船舶严格按照其特殊要求进行压载水操作。

二、防污染的管理要求

1.提高船员和管理人员的素质和管理水平。根据统计资料,在所有海难事故和污染事故中,约80%是由于人的某些错误决策或行为过失造成的。而在属于机械设备等技术缺陷原因所造成的20%事故当中,非标准状态造成的又占80%,这些归根到底仍是与人的因素有关,人的因素在造成船舶污染方面起到了绝对的作用。因此,配备合格的船员,提高公司和船上安全和防污染管理水平,加强船员培训,提高船员和公司管理人员的素质是防污染工作的关键。

2.严格遵守各种操作规程,防止货物和油料等溢漏或不正常排放,遵守舷外油漆作业规定。每一个船员都应严格按章装卸货、加装和过驳油料,以及舷外油漆作业等安全规定,减少人为或人员失误而造成的污染。

3.按规定操作排放。船舶在各种货物作业中,有时会出现排放操作。如使用滑管式液位计、拆卸货物软管、货舱除气通风作业等。对这类排放应严格加以控制,并执行已制订的规定,特别要注意周围环境和天气条件,将可能出现的潜在危险降到最低限度。

4.严格执行排放残液、残渣的规定。船上的残液残渣应排入岸上专门的接收设备,严禁随意倒入水中。

5.降低排入水域的污水含油量,严格遵守含油污水的排放标准。

6.科学认真操船和管理,避免发生水上事故。在提高船舶装备水平,配备先进航行仪器,改进船舶操纵性能和防碰撞性能的同时,必须不断提高船员相应的知识、技能和安全意识,做好预防措施,防止船舶出现碰撞、搁浅、触礁、火灾、爆炸等事故。

三、液化气船应对货物泄漏的防污染措施

(一)货物泄漏的信息报告措施

(1)应急警报拉响(内部和外部);

(2)如在航行而船长不在驾驶台,叫船长,通知机舱并备好车;

(3)如可行,改变航向,减速,建立安全区,减少不良影响;

(4)如在港内,停止货物作业,关闭所有阀门,控制气体和明火,报告码头和有关当局,必要时,请求援助;

(5)关闭相应的机械通风,电源,燃油系统;

(6)备妥安全装备,消防员装备,探测小组人员必须穿戴呼吸器;

(7)建立危险货物的应急程序并执行;

(8)货物发生泄漏而油污时,按"船上油污应急计划"执行;

(9)确定和评估泄漏货物的性质,是否可控,

①在上风接近气体,如可能关闭或封闭气源;

②利用适当的设备探测气体;

③如果管线破碎释放气体,关闭相应的阀,减少释放;

(10)如果船舶处于严重和紧急的危险中,需要立即的援助,向附近的海事机构或船舶发出警报请求援助;

(11)按照应急计划的格式报告就近港口的主管机关及船公司。

(二)货物泄漏的控制程序

货物发生泄漏并且造成油类污染事故时,按《船上油污应急计划》执行:

(1)如船舶所装为有毒、腐蚀等其他有害的货物发生泄漏,应按制定的应急措施采取适当的措施,处置泄漏货物。

(2)如发生人身伤害,应按"医疗急救措施"进行医疗急救。

(三)防止脆性断裂的有效措施

(1)立即停止装卸货。

(2)发现货物泄漏应及时止漏,人员应穿着防护服进入现场作业。

(3)充分利用消防管系,喷淋管系洒水加温,稀释货物。

(4)按货物泄漏控制程序操作

四、防污文件的管理

(一)油类记录簿

(1)"油类记录簿"由轮机长负责记录、保存,以备随时检查。轮机长每记完一页须交船长审签。"油类记录簿"记满后,在船上保存三年。

(2)"油类记录簿"的格式与记录,参见《MARPOL 73/78》附则Ⅰ附录Ⅲ"油类记录簿"记录格式。内容与要求详见该记录簿前页说明。

(3)"油类记录簿"的记录要求准确无误,对偶尔出现的记录错误,不得随意涂改,而应在错误的地方划一道水平直线,然后在其上方将正确内容写上,在水平线的下方签上改正者的名字。

(4)在对污油水处理进行记录时,一定要写明:污油水的出处及去向;柜内原存的数量、处理数量及现存数量;总的舱(柜)容。

(5)在机舱"油类记录簿"记录中涉及的所有污油水柜都应与污油水柜名称、柜容一致。

(6)"油类记录簿"第Ⅰ部分中应按记录要求定期记录机舱污油水柜的存量。

(7)如需新的"油类记录簿"时,可通过船舶所在港口的海事局认购("油类记录簿"首页

须加盖核发机关的印章)或向公司机务部申领。

(二)液化气船的"货物记录簿"

装载X、Y、Z、其他类有毒液体货物时应进行记录,由大副负责记录和保管。

(三)《船上油污应急计划》(SOPEP)

(1)公司为船舶配备了经主管机关认可的《船上油污应急计划》(SOPEP),为船舶发生油类污染或化学品货物泄漏应急情况提供了处理程序和方法,全体船员必须熟悉其内容和要求,船长负责本计划的保管。

(2)船长必须保证每月举行一次溢油应急演习。所有人员都应熟悉应急情况下的责任和反应程序,熟悉各种防污器材的使用方法和注意事项。每次演习全过程应详细记入《航行日志》《轮机日志》、《船上油污应急计划》及相应的记录簿中。

(3)在船舶装/卸货或加装燃、润油作业前,船长应将当地港口主管机关、代理的联系电话号码和传真号码提前填入SOPEP附件3的"港口相关联系人一览表"内,另外还要将这份最新的港口联系单张贴在驾驶台、大副办公室和餐厅等重要场所,以备发生污染时,船长能按SOPEP的要求尽快向港口主管机关报告。

(4)船长应按要求每年对国内海事主管机关通讯录进行更新,并做好记录。

(5)每当船舶发生操作性溢漏(管路泄漏、货舱满溢、船体泄漏)和事故性溢漏(搁浅/触礁、火灾/爆炸、碰撞、船体破损、严重横倾、围控系统失灵、淹没/沉没、有害蒸汽泄漏)时,船长应立即向沿岸港口主管机关、代理及公司航运部报告溢漏情况,以获得岸基支持,同时应组织全体船员按公司指令和《船舶油污应急计划》来进行溢漏抢险活动,努力将污染损害降低到最低程度。

(6)每年或当发生船舶污染事故或险情后,船长都应协助公司对《船上油污应急计划》重新进行评估并视情作必要的修改,以确保其适应性、有效性、可操作性。

(四)液化气船《程序和布置手册》

适装证书中含有有毒货物的船舶,应配有经主管机关认可的《程序和布置手册》,由船长负责保管。

(五)垃圾管理计划及垃圾管理

(1)船舶必须配有《垃圾管理计划》,海事局核发机关加盖印章的"垃圾记录簿"(新版)。在指定区域的明显位置悬挂由中华人民共和国海事局统一监制的公告牌。

(2)大副负责"垃圾记录簿"的记录和保管。适用于船舶所有垃圾处理作业记录。每记录完一页由船长审核签字。"垃圾记录簿"记满后在船保留二年。

(3)填写"垃圾记录簿"时,应将日期、作业代号和细目的数码记入相应的表格内,所要求的细节应按年、月、日顺序记入空栏。

(4)如需新的"垃圾记录簿"时,应通过船舶所在港口的海事局认购(须加盖核发机关的印章)或向公司机务部申领。

(5)船长必须保证船舶所有垃圾的处理均符合73/78防污公约的要求,并如实地记录在"垃圾记录簿"中。并要求操作人签名。

(6)当船舶垃圾集中送岸处理时,大副须从港口垃圾接收操作人员处得到一份表明种类和数量的收据或证明,并粘贴到"垃圾记录簿"当日记录页处。

第三节 液化气船舶防污染设备与器材及防污染的基本程序

要点

　　船舶按照要求配备防污器材,正确使用和管理防污设备,避免发生船舶污染以及船舶防污染的程序。

必备知识

一、防污器材

　　船舶应当按照国家有关规定配置相应的防污设备和器材,并持有合法有效地防止水域环境污染的证书与文件。船舶应当具备与其运营规模相适应的污染物的接受处理能力。

二、防污染设备

1.生活污水处理系统

　　船舶生活污水处理装置按污水排放方式可分为储存方式、处理排出方式和处理循环方式。按净化机理有生物学方法、物理化学方法、加热浓缩方法和比重差分离方法。目前在船上多采用收集储存后排放方式和生物处理排出方式。

　　为满足排放标准,船舶必须设有污水处理装置,以便对生活污水进行处理,目前船上采用的处理设备基本分两种:一种是收集、储存、集中排放的设备;一种是船上处理后直接排出的设备。

（1）收集、储存、排出方式

船舶装设生活污水储存柜，在禁止排放区域内，将生活污水全部暂时存入储存柜中，当船舶航行到允许排放海域时再排光，或排至港口接收设备。该方法设备简单，造价低，也容易管理和操作。但如果船舶在禁排区内时间过长，污水储存量受到限制，处理将发生困难。

（2）生物处理装置系统

生物处理装置是利用好氧菌为主的活性污泥对污水中有机物质进行分解处理的装置。

2.油水分离器

船舶主柴油机总功率大于或等于 440 kW 的内河船舶，至少应装设一套油水分离设备；船舶主柴油机总功率大于或等于 220 kW 但小于 440 kW 的内河新船，应于建造时，至少装设一套额定处理量为 0.1 m³/h 至 0.25 m³/h 的小船油水分离设备；其处理水的排放应能手动控制。

油水分离设备应能在船舶长期处于横倾 10°、纵倾 5°时能保持正常工作。若船舶装有油分报警装置，则该装置应保证在处理水的含油量超过 15 mg/L 的排放标准时，能发出报警。装有油水分离设备的船舶，应设置污油舱（柜），用于储存污油。

三、液化气船舶防污染的基本程序

1.当船舶发生污染或可能造成污染时，船长应立即启动相应的应急预案，采取措施控制和消除污染，并向就近的港口海事机构报告。

发现船舶及其有关作业活动可能对水域造成污染的，船舶、码头、装卸站应立即采取相应处置措施，并向就近海事机构报告。

2.船舶污染事故报告应包括下列内容：

（1）船舶的名称、国籍、呼号或者编号；

（2）船舶所有人、经营人，或者管理人的名称、地址；

（3）发生事故的时间、地点以及相关气象和水文情况；

（4）事故原因或者事故原因的初步判断；

（5）船舶上污染物的种类、数量、装载位置等，或预估数量及污染范围；

（6）已经采取或者准备采取的污染控制、清除措施和污染控制情况以及救助要求；

（7）交通管理部门规定的其他需报告的事项。

3.发生特别重大污染事故，国务院或者国务院授权交通运输主管部门成立事故应急指挥机构。

4.船舶发生事故有沉没危险，船员离船前应当尽可能关闭所有货舱（柜）、油舱（柜）管系和阀门，堵塞货舱、油舱（柜）的通气孔。

5.发生船舶污染事故，海事管理机构可以采取清除、打捞、拖航、引航、过驳的必要的措施，减轻污染程度，相关费用由造成水域污染的船舶、有关作业单位承担。

6.处置船舶污染事故使用的消油剂，应当符合国家有关标准。

第十二章

液化气船应急预案

第一节　船舶应急预案的制定

要点

　　根据船舶设备及人员配置,建立适合本船的应急程序及操作程序,建立船上和码头货物泄漏时的应急程序,建立人员意外的应急程序等,以保证船舶、人员和货物及码头的安全。

必备知识

一、综合应急预案

1.目的

为了全面贯彻落实"安全第一、预防为主、综合治理"的方针,增强船舶应急管理工作,提高应急救援、应对突发事件的快速反应和处置能力,预防和控制次生灾害的发生,保障安全生产和船员的生命安全,最大限度地减少财产损失、环境污染和社会影响,促进全面和谐可持续发展,特制定本预案。

2.编制依据

本《预案》主要依据以下公约、法律、法规和相关预案:

《1974年国际海上人命安全公约》;

《国际船舶防止污染公约》;

《中华人民共和国安全生产法》;

《中华人民共和国消防法》;

《中华人民共和国海上交通安全法》;

《中华人民共和国环境保护法》;

《国家突发公共事件总体应急预案》;

《生产经营单位安全生产事件应急预案编制导则》。

3.危险源与风险分析

公司航运主业是高风险行业,存在的主要风险有:一是水上航行安全风险;二是水上油污染风险;三是火灾爆炸风险;四是人身劳动安全风险;五是老旧船舶安全风险;六是受雷雨、大风恶逆天气等一切不可确定的自然灾害影响的风险。

4.信息监控与报告

各船舶要对体系文件《船岸应急计划》标明的各种紧急情况进行监控和信息分析,对可能引发事故的其他事件的信息进行监控和分析,可能造成任何等级事故的信息,要及时上报公司总调度室和相应主管部门,并制定和落实有效的预防措施。

船舶发生事故时,事故现场有关人员应当立即报告船长,船长接到报告并确认后,应当立即报告公司总调度室,船长认为必要时,还要立即报告港口当局。

5.指挥和协调

事故发生后,发生事故的船舶应当立即启动本船舶应急预案,按照船舶《应变部署表》的部署和《船岸应急计划》的要求组织救援;发生事故的岸上单位或公司机关应当立即启动本单位应急预案组织救援。

6.术语和定义

(1)应急预案

针对可能发生的事件,为迅速、有序地开展应急行动而预先制定的行动方案。

(2)应急准备

针对可能发生的事件,为迅速、有序地开展应急行动而预先进行的组织准备和应急保障。

(3)应急响应

事件发生后,有关组织或人员采取的应急行动。

(4)应急救援

在应急响应过程中,为消除、减少事件危害,防止事件扩大或恶化,最大限度地降低事件造成的损失或危害而采取的救援措施或行动。

(5)恢复

事件的影响得到初步控制后,为使生产、工作、生活和生态环境尽快恢复到正常状态而采取的措施或行动。

(6)突发事件

突发事件是指有关水上、陆上突然发生的各类事故或险情,或接受国家重大任务等。

(7)海损

船舶在运输生产过程中,发生碰撞、搁浅、触礁、触损、浪损、火灾和爆炸、风灾、自沉、其他引起人员伤亡及直接经济损失的水上事故。

(8)机损

船舶柴油机主推进装置、轴系及推进器、发电原动机及电站、锅炉、舵系等主要系统或设备由于故障或潜在的缺陷造成损坏并丧失其工作性能,且造成一定直接经济损失。

7.现场紧急处置

根据事态发展变化情况,出现急剧恶化的特殊险情时,相应船长或岸上单位负责人在充分考虑集团、公司和有关方面意见的基础上,可以依法采取紧急处置措施。

根据船舶事故可能造成的后果,将船舶事故和险情分为:火灾(爆炸)、弃船、人员落水和搜救、油污染、有毒化学品货物泄漏、碰撞(进水)、搁浅、船体及重要结构损坏、主机失灵、舵机失灵、电力中断、岸上或泊位异常情况(火灾、爆炸、货物泄漏等)应急离泊、人员伤亡及急病等。

第二节　货物操作系统故障时的应急行动

要点

货物操作系统发生故障或紧急情况时,应立即停止货物作业,并通知岸方,双方采取有效的安全措施和应急行动,防止事故进一步扩大,同时应立即向港口主管机关报告。

必备知识

一、货物泄漏时的现象和应急操作

1.气货泄漏到密闭空间

在正常条件下,主次绝缘层空间充入氮气并维持一定的压力,用来检测LNG是否泄漏。当LNG蒸气通过主屏壁层细小裂缝漏入绝缘层空间时,随即汽化并使绝缘层的液态空间和气态空间发生变化,从而被取样探测装置检测到发生了LNG蒸气泄漏。这时应将氮气供给控制器压力调高至0.6 kPa,用氮气清除绝缘层空间,以防止事故发生。

2.液货泄漏到密闭空间

当主屏壁故障使LNG液货进入主绝缘层空间时,被影响空间的甲烷含量将急剧增加,氮气总管的压力随之升高,而且排放大气量同时增加,破损货舱绝缘层内的所有温度传感器将发出低温报警,内船体的温度随之降低。当液货流入绝缘层空间后,将形成一定的压头,会使主屏壁发生塌陷。

3.水泄漏到密闭空间

当由于内船壳破损或者出现裂缝时,处于边舱的压载水将会泄漏进入次绝缘层空间,进而会破坏主次屏壁进入液货舱,并造成内船壳钢板的温度降低而损坏。因而在各舱绝缘层空间内应设有水泄漏探测装置,并设有空气泵和污水管系排放漏入的压载水。

二、液化气货物的翻滚与压力冲击的有效防止措施

1.压力叠加

与前面介绍的混合液化气饱和蒸气压力的计算不同,对于某些不相容的液体,它们混合在一起后的蒸气压力并不等于它们各自分压之和,而是近乎各自原来蒸气压力之和。如将蒸气压力为 $4\ kgf/cm^2$ 的氨液加进蒸气压力为 $6\ kgf/cm^2$ 的丙烯液中,结果它们的混合液体的蒸气压力约为 $10\ kgf/cm^2$。对于某些互不相溶的气体,如氮气与LPG等液化气,其压力也是近乎叠加的。

2.翻滚

当不同密度(成分)的同一货品或两种相容的货品装入同一个液舱内,由于某种原因导致不同密度的液体之间自动搀合,会有大量蒸气剧烈释放出来并伴有压力上升的现象,这种现象就称为翻滚。下面以LNG液舱为例,介绍翻滚现象的产生过程及其防止措施。货物装入液舱一段时间后,就会自行停止沸腾,以保持液舱内的压力。如果液货在液舱内是分层的,如图12-1所示,密度大的在下层,密度小的在上层(两港装货时就可能有这种情况发生)。由于有密度差,上下边界层非常稳定,不会混合。因此上下层间的热量和物质的移动只有极其微小的传导和扩散。这时,从与上层相邻接的侧壁传入的热量使上层的LNG蒸发,而从下层侧壁和底部传入的热量仅用在升高下层LNG的温度上。也就是说,传入下层的热量储存于其内部。

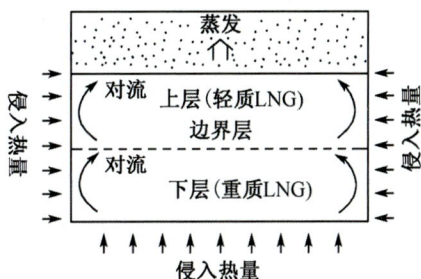

图12-1 LNG的分层和对流现象

该状态若继续发展,上层由于轻质成分的大量蒸发,使上层的密度微增和温度微降,下层则由于温度上升而密度微降,温度微升,这一不平衡状态将一直持续下去,直至上下层温

度差减小到一定程度或发生某种扰动,如添加了一些新液体等,就会发生剧烈的混合翻滚现象。这时下层以温度压力升高形式储存的热能达到液体表面时,压力急剧降低,从而造成蒸发气体的侵入热量聚积及液舱内压力的上升。

一般而言,翻滚仅发生在如图12-1所示的上轻下重状态,即分层状态。如果上、下液体的密度是上重下轻,液体会自动混合均匀,而不会分层。对于均匀的LNG,即使经过长期的平稳贮存也不会出现分层。

产生分层的原因可能如下:(1)从上部向已贮存有较重液货的容器内装入较轻的液货;(2)由底部向已贮有较轻液货的容器内装入较重的液货。当然,并不是所有上述这两种情况都会造成足以产生翻滚的分层,因为装载方法、速度、容器形状及其他因素都会影响分层。同时,如果两种液体的密度差别不大,如密度差小于1 kg/m³以下时,即使按可能产生分层的方法装货,也是不会产生翻滚的。

在发生翻滚时,密度差越小,蒸发气体量越少,压力上升也就越缓慢。

因此,在装载密度差大于1 kg/m³的两种液体是同一种货品或两种相容货品时,如果后装的液体较轻,应从底部注入管装入;如后装液体较重,则应从顶部装入;如没设顶部装入管,则应在装货时用卸货泵搅拌混合。

另外液化气的再液化系统的不恰当操作也可能产生翻滚。例如,对于冷冻式液货舱,其液货的温度和压力是靠蒸发气体再液化来控制的。若回流入液舱内的冷凝液的温度和密度与舱内液货有少量差别,或者两种或更多种货物的冷凝液回流入一个液舱内。这时,就可能由于密度差而产生翻滚。因此,如果冷凝液密度大于舱内液体密度,则从舱内顶部进入;如密度较小就回流到液舱底部进入。这样就可以防止分层。

当两部分不同的货物装入同一液舱时也可能发生翻滚(例如丙烷和丁烷分别装入同一液舱内)。在这种情况下,由于两种货物间的温度差会有大量的蒸发,甚至达到液体总容积的3%,因此认为这种装货方式是不安全的,除非对这一过程作了全面的热动力分析,同时装载过程是在严格的控制下进行的。

3.压力冲击

当管系中流动液体的流速急剧改变时,由于水锤而产生的瞬时高压的现象称为压力冲击,假如流速改变过快,压力冲击就会达到危险地步。在液体输送中,只要有下列的情况之一,就可能产生压力冲击:(1)应急截止阀的关闭;(2)手动或自动控制的阀门快速关闭或打开;(3)止回阀的突然关闭(逆流和闭锁的时间相对较滞后);(4)泵的启动或停止。

由于故障、误动作及操作马虎等都可能造成阀的迅速关闭。因此,防止此类现象发生就可防止压力冲击造成的事故,而紧急时货物阀的迅速关闭是确保安全所不可缺少的动作。而且,装卸货管路系统的紧急切断不只是船舶本身的问题,与岸上设备也有关联,因此,防止紧急切断所造成的过大冲击压力是船舶与岸上应共同解决的问题。

有时也会发生与泵的启动及停止有关的过大冲击压造成的事故。其防止措施是按规定正确操作并在装置的设计上进行改进和完善。

（1）压力冲击的产生

当液体正常流动时，在液货传输系统中任一点的压力包括以下三个部分：

①流体的静压力；

②液货蒸气的压力（如果系统是密闭的）或大气压力（如果系统是敞开的）；

③由泵产生的压力，这个压力在泵的出口处最高，而由于摩擦损失，在管线上有稳定的压降。前两部分是恒定的，故被称为"静止分量"。阀门快速关闭时会叠加一个附加的瞬时压力，这是由于流动的液体的动能突然转换为液体压缩和管线拉伸的应变能。

液体流动的停止以声速沿管线回溯，而当每一部位的液体停止移动时，该处的压力就会增加，从而引起一种压力波以声速沿管线回传，而这种扰动就被称为压力冲击（波）。冲击（波）的强度取决于液体的密度和液体传播声音的速度。这种速度随液体的种类、温度、压缩性和管路的材料、直径和厚度，以及大量的其他因素而异。

（2）液化气船防止压力冲击破坏的措施

压力冲击应向所有参与货物驳运的人员特别强调，指明这一潜在的危险来源于快速操纵阀门。当管路内的液流停止得太快时就会产生压力冲击。当货物被长距离高速度驳运时这种危险性最大。在这种情况下如阀门关闭太快，由于管路内很长的液柱的减速所造成的冲击波在管路中前后反复传递造成极高的冲击压力。在这种情况下货物软管最容易被损坏。

对应急截止系统的良好维护和精确的调整是很重要的，如果有可能应与液化气码头的这一系统接通，使船和岸的应急截止系统同时工作。阀门的工作情况应调整为上游的阀门先关，以保护货物软管或装载臂。在没有这种联动系统时，货物作业负责人应了解由岸上泵送时关闭船上阀门（或是相反的情况）的潜在危险。

在货物驳运时应采取下列预防措施以避免冲击压力：

①在装载时，当要想把货物从向这一舱灌注改为向另一舱灌注时，应先把想灌注的舱的阀门完全打开，然后再关闭需隔断的舱的阀门。在装载完成时应由液化气码头把岸侧的阀门先关掉以防货物软管超压。

②在卸货时，如有可能，应该用泵的排出阀或液舱气室上的阀来控制流量，从而减小压力的影响并尽可能限制这种影响，使之大部分是处于液货舱处的短管路内。同样，泵的排出阀应比舷旁的和岸上的阀门先关。

③当货物正在驳运时，液相管系上的阀门绝对不应突然操作或关闭。应在驳运开始前就把阀闸调节到要求的开启程度，在作业中只能使用节流或调节负荷所必须的阀门。在正常作业中不需使用的手动阀可以绑住，但绝对不可锁住，因为在应急情况下它们是必需使用的。

当液相管路内由于被阀门隔断而有压力差时，开启这一阀门会造成压力冲击。如压差高且阀门开启太快就会产生高的流速,当流动停止时就会产生高的冲击压力。例如当甲板上的液体管路内的液体被两端的阀门截住而受热后就可能出现这种情况,此时阀应非常小心地开启以慢慢地使压力平衡。液相管路在用过之后应泄放以避免这种问题。

三、货物操作应急停止程序

1.货物操作紧急情况

(1)高高位报警

当装货量达到舱容的98%时高高位报警,应急截止阀自动关闭,此时应立即停止装货并将多余货物驳出,再将报警装置复位,重新装货。

(2)应急截止阀失灵

当应急截止阀故障或压力较低不能正常开启时,应立即通知岸方停止装货,可采用手动液压开启后,再重新装货。

(3)货管破裂

当货管破裂时,应立即通知码头停止装货,安全处理后方能继续装货。

(4)货舱高压

当装货速度较快,温度高,货舱压力过高时,应降低装货速率,开启货物喷淋装置,必要时停止装货作业。

2.货物操作中的事故防止与事故处理程序

(1)输油臂、货物软管连接的法兰渗漏

垫片不合适或螺丝受力不均匀,造成滴漏的解决方法:选择合适的法兰和垫片,使用耐低温材质的垫片,螺丝上紧时保持平行均匀受力。

(2)输油臂、货物软管变形、断裂

根据货物装卸和潮汐情况,应立即加强装卸作业值班,及时调整缆绳受力,避免船舶和码头间隙过大或前后移动太多,以至于损坏输油臂/货物软管。

(3)拆管作业冻伤事故

当拆管作业时,货管线内留存的货物液体突然溢出,喷溅到作业人员身上,造成冻伤事故。解决方法:扫气时间应足够,使管线内货物液体。

(4)液货进入气相管线

液货进入气相管线会损坏货物压缩机,因此装载作业前,应确认气、液联通阀门处于完全关闭位置。

(5)货物内含水事故

如果货物内含水,极容易对液货泵造成损坏,因此一旦发现货物中含水,不能盲目启动液货泵,应利用压力差先排出舱内积水。启动液货泵前加入适量甲醇。

(6)液货泵启动事故

液货泵启动时,对货物管线的冲击力很大,如果船岸管路不畅通,很容易造成事故。因此启动液货泵前仔细检查货物管路是否处于畅通状态,卸货开始时先使用一台液货泵低速运行,检查确认正常后再提速到正常速度卸货作业。

四、货物应急截止系统的操作

应急截止系统的作用:在装卸过程中,当管道阀破裂、误操作、发生火灾事故、液货舱超载事故及其他意外必须紧急停止作业时,可利用应急切断系统在远距离或就近紧急切断货物管路。

五、卸货泵故障时的应急操作

1.全压式液化气船液货泵故障

当卸货用的深井泵发生故障时,可以通过压力差把发生液货泵故障货舱的货物驳到其他舱,或者在卸货时直接驳卸到岸上,如果卸货过程中岸方有货物蒸气回流到船上,应尽量把货物蒸气回流到液货泵故障的货舱,以增加该舱的舱压,如果没有蒸气回流,可以使用压缩机抽其他货舱蒸气到液货泵故障舱来增加货舱之间的压力差。

2.全冷式LPG船液货泵故障

全冷式LPG船一般为薄膜舱承压较小,当再液化装置不能满足货物蒸气再液化时,少量的货物蒸气经呼吸阀排出,当大量货物蒸气不能被再液化,为了保护货舱,经过排泄管路排出。当主泵故障时,可以用辅泵代替主泵进行应急卸货。

3.LNG船主液货泵故障

当主液货泵发生故障时,需要安装并使用应急液货泵代替主泵工作。应急液货泵平时存放在甲板的专用舱室内,仅在需要时才将其运送至相应液货舱的应急泵井内安装使用。安装时应急液货泵依靠自身的重量克服泵井内的弹簧压力被送至泵井底部,同时要在泵井内通入氮气防止发生爆炸。

六、船舶被有毒或易燃蒸气包围后的应急行动

1.装运有毒和毒性货物的注意事项:

(a)如果有必要开舱(有毒蒸汽释放大气允许的情况下)取样和其他目的:

(b)听从当值驾驶员的指令。

(c)谨慎释放舱内的压力与大气压相同。

(d)必须穿防护服,戴自给式呼吸器。

(e)舱盖尽可能快地关闭。

2.当装卸有毒货物的软管拆卸时:

(a)听从当值驾驶员的指挥。

(b)穿妥防护服,戴好自给式呼吸器。

(c)确认软管已经放空,拆管前试验,确认管线内无压力。

3.如果有毒货物不得不释放时:

(a)远离释放区域。

(b)拉响警报。

(c)听从当值驾驶员的指示。

4.当使用压缩机卸有毒或有毒性货物时:

(a)压缩机间至少机械通风15 min以上,才可进入压缩机间启动压缩机。

(b)压缩机间通风机在操作中保持连续运转。

(c)这种货物绝不准排在污水井中(压缩机间的污水井中)。

(d)经常检验压缩机间的空气成份。

(e)货物操作中有任何泄漏立即停止作业。

(f)压缩机的控制最好在压缩机间外部。

(g)无陪同人绝不准进入压缩机间,除非新使用。

(h)没有驾驶员的指令不准进入压缩机间,得到指示进入时,要穿防护服,佩戴自给式呼吸器。

5.装运的一些货物易反应,一旦发生反应时相当危险,如:

(a)产生热量。

(b)放出蒸汽。

(c)造成舱内压力升高。

(d)影响货物的质量。

(e)增加火灾和爆炸危险程度。

(f)加剧对身体健康的危害。

(g)聚合(固化)。

6.消除可能反应的几种方法:

(a)将抑制剂加入货物中,抑制货物的反应以保安全,抑制剂加入货物能够减缓或停止货物的聚合、氧化、腐蚀等化学反应。

(b)向舱内空档提供惰性气体,以防止货物与氧接触起反应。

(c)避免在货物系统使用容易与货物系统反应的金属或材料。

(d)要每月检查试验水雾系统,保持管路、喷嘴畅通。

七、密闭舱室内人员的救助与医疗急救措施

一旦在封闭处所内发生人员窒息或中毒等事故时：

(1)首先发出警报。

(2)集合救援队伍并实施已确定的救援计划。

(3)每位援救者应明确自己的职责,正确佩戴呼吸器具,并根据实际情况决定是否穿上防护服和系上救生绳。

(4)救援人员绝对不应在处所内脱下自己的呼吸器以帮助受害者恢复呼吸,如确需要,应为受害者额外戴上一套呼吸器。

(5)当伤员出现严重窒息或中毒反应后,在4~6 min内必须迅速将其救离现场或自行撤离,否则会有生命危险。尽管时间对抢救生命是至关重要的,但是在抢救封闭处所内出事的人员时,救援人员必须首先保证自己不要成为第二个受害者。因为对受害者与救援者而言,在封闭处所内均是危险的。

(6)必须对事故现场加以分析,并且在必要的救援人员和救援设备尚未准备就绪时,不得进行任何救援工作,否则救援人员本身也可能因仓促无准备的救援工作而造成死亡事故。专门负责救援工作的干部船员应留在入口处值班,以便最有效地进行调遣和管理。

(7)如果人员在货舱周围处所、货舱内部或其他深舱处所发生窒息或中毒事故时,由于处所狭窄或行动不便,会给救援工作增加很大困难。因此在进入该类处所进行救助时,除按照一般的进入封闭处所的要求做外,还应按图12-2、12-3所示的方法进行救助。

(8)救援人员应穿戴好呼吸器和必要防护服,用救生带拴在伤员的腋下,用救生绳将其吊起,在起吊时可能会碰到中毒者的地方应有救助人员的协助。在救援工作开始时,船长应操纵船舶使之处于最小横摇状态,使救援工作比较容易进行,以减少伤员和救援人员碰伤的机会。

(9)预先准备工作对快速有效的救援工作有举足轻重的意义,救生绳、呼吸器、复苏器和其他救生设备,都应提前准备妥当,随时可用。

(10)另外还应有一支训练有素的急救队伍,定期举行在封闭处所内的急救演习。为抢救因中毒、窒息、电击或溺水等其他原因而呼吸停止的受难人员,所有码头和船上的工作人员都应接受复苏抢救的技术培训。

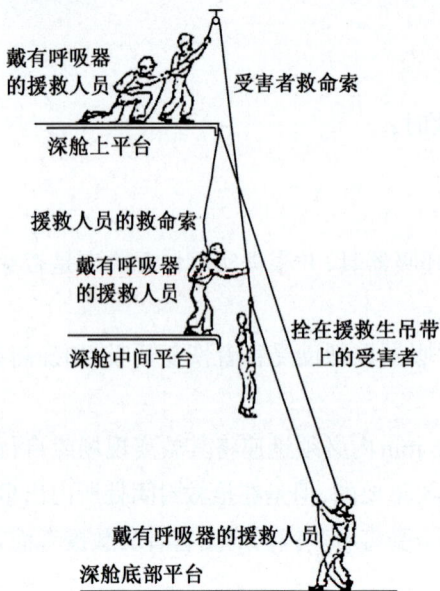

图12-2　在深舱内救助示意图

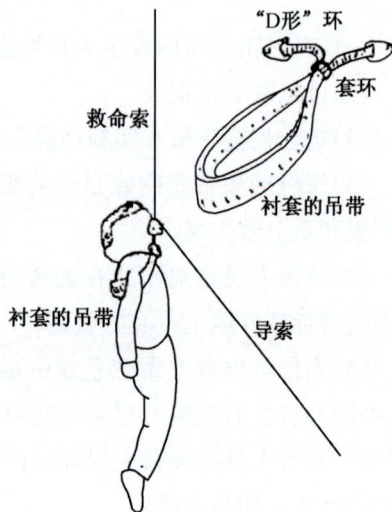

图12-3　援救吊离

（11）船上备有专门复苏器具,这种器具可能有许多种型号。应使有关人员知道放置地点并会使用。复苏器放在易于取用并有明显标志的柜橱里,但柜橱不得上锁,其使用说明书应明显陈列在船上的以下几个位置:

①与复苏器一起;

②在驾驶员的生活舱里;

③在医务室或医药保健柜中。

应定期对复苏器和储气瓶的气体含量进行检查,应有足够的备用储气瓶。

第三节　液化气船医疗急救

要点

危险货物事故医疗急救指南详细说明了每种货物对人体健康的一般危害性,并详细列出了每种货品由于皮肤接触、眼睛接触、呼吸道吸入、消化道摄入而对人体造成的症状和相应的应急治疗方法。

必备知识

船上发生货物事故时的一般紧急治疗处理方法。

一、皮肤接触液货

1.立刻脱掉污染的衣服和鞋,马上用大量的水冲掉皮肤上的液化气货品,持续冲洗至少10 min。如在皮肤上仍有化学物品的痕迹,再继续冲洗10 min。

2.如有化学灼伤的迹象,如发红和疼痛,马上把伤员转移到船上诊疗室,并按后面介绍的化学灼伤医疗方法予以治疗。

如果灼伤面积较小,每10 min给病人喝半杯水以补充体液损伤。

如果灼伤严重并且面积大,应用无线电询医嘱。

如没有化学灼伤的迹象,对照相应的化学品表,看是否有可能通过未损伤的皮肤被人体吸收而造成全身性化学中毒症状。如果确实存在这种可能性,对病人应至少严密观察24 h,如有关的化学品表有规定,观察时间或许更长。

3.如果造成对人体的冻伤,则按后面介绍的冻伤医疗方法进行治疗。

二、眼睛接触液货

1.尽可能快地用大量清洁淡水冲洗眼睛。如图12-4所示,强制掰开眼睑,小心细致地连续冲洗至少15 min,必要时可延长冲洗时间以确保液货已被完全冲洗掉。

2.立即设法联系能够得到专业医生的指导和医疗救助。

3.如感觉疼痛厉害,为确保有效地治疗,必要时对病人身体活动加以限制。为治疗疼痛,每小时口服2片扑热息痛直到疼痛已被解除。如疼痛得厉害,肌肉注射吗啡7.5 mg,并用无线电话征询医嘱。

4.用荧光素对眼睛染色:用荧光素着染眼睛会使角膜或结膜的任何受损部位显晰化。将下眼睑向下拉,在病人的眼睛向上看时把含有染料的荧光素纸条轻轻地在其下眼睑的内湿润面上横过,这样就使染料从纸上擦到眼睑上。

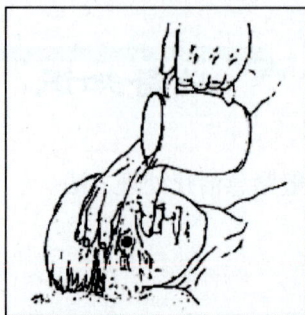

图 12-4　用淡水(或清洁海水)冲洗眼睛

当病人眨眼两次时,染料会布满全眼。将多余的染料从眼睑上擦掉。角膜或结膜受伤的任何部位会吸附染料并被染成绿色。如眼中出现用荧光素染成绿色的特殊区域,那么应用1%的盐酸四环素眼药膏点眼,以防眼睑粘到眼球上。每2 h点眼一次,在眼睛上覆盖一块干纱布,用橡皮膏将其安全地固定在位。在眼睛不再发炎,眼白已变白后,应继续治疗24 h。

三、呼吸道吸入有毒货物气体

首先应迅速将伤员从污染的空气环境转移到无污染的新鲜空气地方,检查伤员是否有呼吸,然后按以下办法抢救和治疗。

(一)伤员无呼吸

1.立即进行人工呼吸。

2.如无脉搏,则在进行人工呼吸的同时进行心脏按压。

(二)伤员有呼吸但神志不清

1.置病人于神志不清时的姿势。

2.查看病人口腔中是否有使呼吸停止的任何阻碍物。

3.将舌头向前拉。

4.吸出或揩出多余的分泌物。

5.从喉后部清除任何呕吐物。

6.取出所有假牙。

7.插入格德尔导气管以防止舌头滑并堵塞上部气道。应使之留在原位直到病人重新恢复意识。

8.如伤员出现紫绀和呼吸困难,应予以输氧治疗。

9.使病人保暖。

10.不要给神志不清的病人口服任何东西。

11.不要给予酒类、吗啡或任何兴奋剂。

12.对神志不清病人的进一步治疗见《国际船用医疗指南》。

(三)伤员在呼吸且神志清楚

如果伤员是神志清楚但呼吸有困难,则可以按以下方法治疗:

1.将病人置于半卧位的抢救姿势,并使其保暖。

2.必要时进行输氧治疗。

如果采取了以上这些措施,病人的呼吸仍没有改善,那么可能已产生窒息或肺水肿。如病情迅速恶化,用无线电征询医嘱。

如果病人呼吸困难,或脸、手、嘴唇发青超过15~24 h,他可能会有下列并发症之一:窒息、肺水肿、支气管炎和肺炎、循环性虚脱等。这时必须用无线电征询医嘱,并设法得到医疗救助。

四、消化道摄入

1.一般原则

在任何情况下都不要使病人呕吐,呕吐物可能会被吸入肺内而引起呼吸困难。同时要一直使病人保暖直至复原。

2.病人神志不清时

(1)置病人于神志不清时的姿势。

(2)检查病人是否在自发地呼吸,如呼吸停止,应予以人工呼吸。

(3)病人神志不清时不要给其口服任何东西,也不要给予酒、吗啡或任何兴奋剂。

(4)用无线电话迅速联系征询医生指导及救助,及时送医。

3.病人神志清醒时

(1)吞入腐蚀性液货所致的中毒,尽快给500 mL牛奶喝,如没有牛奶,可用水代替。对于磷、氯化烃、除涂溶剂等腐蚀性化学品中毒时不能给牛奶喝,只能给水喝。

(2)吞入液货是非腐蚀性时,将10g活性炭拌入500 mL水,给病人喝下,接着每隔20 min给服5 g活性碳拌水100 mL,共3次。

(3)吞入的液货是未知货品,无法判定液货是否为腐蚀性,那就给予500 mL水喝,并用无线电话征询医嘱并及时送医院。

(4)根据医生指示,给病人服用相应货品的解毒剂。

4.如果出现厉害的疼痛和呕吐,则应按相应的中毒并发症进行治疗,并用无线电话征询医嘱。

5.呕吐物可能被吸入肺内而引起呼吸困难,如出现这种情况,则按前面介绍的"经呼吸道吸入有毒货物气体"的应急治疗方法进行治疗。

五、冻伤

如皮肤已被冻伤,对冻伤者的处置动作应缓慢并避免弯曲其关节,具体急救措施和注意事项如下:

1.尽快使冻伤者脱离寒冷环境,进入室内,迅速脱去寒冷潮湿或束缚受冻伤部位影响血液循环的衣服鞋袜(如衣服鞋袜不易解脱时,不要勉强,以免造成皮肤撕裂,可待融化后解脱)。

2.立即将受冻部位浸浴于40~46 ℃之间的恒温热水里复温(冻僵者可进行全身浸泡),但严禁烘烤。水温超过46℃或烘烤均会损坏受冻肌体的组织。

3.解冻复温时间需15~60 min。开始时冻伤的肌体不觉得痛,似蜡状,带有苍白的黄色。随着慢慢复温解冻,转为蓝色,且感到疼痛,这时复温需要继续进行,直至淡蓝色的皮肤转为粉红或红色为止。

4.解冻复温时如冻伤者感到疼痛,可用止痛剂和镇静剂控制,一般予以口服扑热息痛1 000 mg,如无效,按指导服用吗啡,如有经验,在复温解冻时对患处进行轻柔的按摩是有益的,但无经验者不得担任此项工作,以免将伤处擦破。

5.如冻伤肌体已解冻复温,不应再按摩,也不应再用热水浸浴。复温后的浸浴可能增加组织损伤和坏死。复温后患处开始肿胀,为预防感染,可用肥皂水轻轻擦洗患处,再用无菌盐水洗净,擦干后涂上外用药(抗生素药粉和消毒敷料等),再用大块无菌纱布包扎防止感染。

6.不应给予冻伤者烟和酒,因为烟酒会减少冻伤肌体的血液循环。

7.冻伤急救用药

(1)外用药:呋喃衍生物(常用1%呋喃西林或呋喃咀啶霜剂,涂药厚度不少于1 mm,每日1-2次,有感染时也可用)、三甲基亚枫等。

(2)内服药:维生素A每日1~2 g、维生素E、路丁等。

六、化学性灼伤

许多液化气货品,如氨、氯、氧化乙烯、氧化丙烯等接触皮肤、眼睛或粘膜时可能会产生化学性灼伤。这些灼伤与火灼伤或电灼伤很相似。

(一)症状

1.在接触部位有灼痛感及发红;

2.可能只有刺激性皮疹;

3.严重时可能起泡或皮肤/皮下组织脱落;

4.恶心、呕吐、头痛、呼吸困难和精神异常、神志不清等现象意味着吸收了化学品。

（二）治疗

首先按前面介绍的皮肤接触、眼睛接触的急救处理进行紧急治疗，然后再按以下办法作进一步的治疗。

（1）彻底冲洗双手和前臂，然后拿掉敷料以暴露一处灼伤部位（在多处灼伤时）或一大块单处灼伤部位。目的是在任一时刻限制所暴露的灼伤皮肤面积以减少感染和液体渗出的危险。沿灼伤的边缘用肥皂、水或拭子清洗皮肤。在灼伤处从四周方向进行擦洗。不要用药棉或其他纤维质清洗，因为这样可能在灼伤处留下其屑末。

（2）不要碰坏水泡，但如果水泡已破，用消毒剪刀剪掉坏死的皮肤。从一干净的容器里取干净的开水冲伤口以清除碎屑。用浸过温开水的药签轻轻擦灼伤处的任何遗留污物和异物，动作要轻柔，以减少疼痛。

（3）根据伤口大小用50~100 mm的凡士林纱布敷料覆盖在灼伤处或烫伤处。再用一层吸收性敷料来吸收从灼伤处渗出的任何液体，如一层消毒纱布盖上一层消毒药棉，用核实的绷带将其裹牢。管状敷裹或皱布绷带适用于四肢而弹性网状敷料适用于其他部位。

（4）在继续按上述方法处理一大面积灼伤的剩余部位或多处灼烧的其他灼伤部位前，彻底冲洗手和臂。

（5）敷料应留之一周勿动，除非敷料变臭或很脏，或温度升高。按上述方法重新敷裹。

（6）如有持续疼痛，每4 h口服扑热息痛1 000 mg，直到疼痛得到缓解。如果扑热息痛并未缓解剧烈疼痛，肌肉注射硫酸吗啡7.5 mg，并用无线电话就更大剂量和次数的硫酸吗啡注射获取医嘱。

（7）如果灼伤面积小，每10 min给病人喝半杯水以补充体液损失，也可服烧伤药或含盐饮料如姜盐茶、咸米汤等。

（8）如果由于吸收毒性物质而导致一些并发症，如窒息、肺水肿、心力衰竭、神志不清、肝衰竭、肾衰竭时，按有关特定症状进行相应治疗。

第四节　液化气船安全工作要求

要点

　　由于散装液化气具有高压、低温、易燃易爆和部分货物有毒的特点，因此，在人员培训、维护保养、货物管理、装卸货作业、清舱除气、防火防爆防污染和防人身伤害等方面，必须严格执行法规和相关的特殊规定。

必备知识

液化气船安全工作要求：

1.散装液化气船舶的所有船员，上岗前必须经过主管机关或其认可部门组织的特殊培训。必须持有内河液化气船安全知识和操作证书。

2.建立货物保管操作记录，航行途中每天至少两次检查测量各舱的液位、压力和上、中、下层的温度，并将测量结果记录在货物保管操作记录簿内。

3.抵离每一港口应当按要求进行申报，自觉遵守港章港规，并接受监督和指导，只有获得海事主管机关的批准才能进出港口靠离泊进行装卸作业，并确认在应急情况下能够获得港方的及时援助。

4.甲板除锈作业必须先进行测爆确认作业区及周围10 m内无可燃气体，并且在作业中至少每隔30 min对作业区域进行一次测量，除锈作业最好在上风进行，除锈工具必须是铜制工具。未清舱除气时，严禁使用电动和气动除锈工具。

5.装卸作业结束后，先启动货物压缩机将管线内残货扫入舱内，然后将管线上各腰截阀打开，使其与各货舱联通，并在装卸开始前将上述各阀关闭，并用绳索绑牢。

6.油漆作业时，注意避免在应急切断管路上装设的易熔塞上涂油漆，该管段应有明显的识别标志。

7.每次装卸货操作前应进行应急切断系统的试验，各种应急截止阀应能在设备要求时间段内平稳、完全关闭并记录关闭时间和状态。

8.在相对风速达5 m/s的情况下，定期检查甲板，特别是货物区电器的绝缘和气密情况。

9.船上必须备有标准校对气体和专用工具。

10.安全释放阀应设定在适合所装货物的设定值上，并在安全释放阀和货控室进行标示。没有船长的许可不得改变设定值。

11.可燃气体监测设备保持连续工作状态。

12.船长接到航次指令后，首先确定预装货物是否符合本船适装证书上标注的适装要求。如果是首次装载该类货物，则应向货主和租船人索取以下有关货物资料：

(1)货物安全保管和运输所必需的货物物理和化学性质的详细说明书；

(2)发生溢出或泄漏事故时，需要采取的应急措施；

(3)人员意外与货物接触的防范措施；

(4)灭火程序和灭火剂；

(5)货物运输和气体清除的特殊要求；

(6)安全装卸特种货物所需的特殊设备的要求；

(7)装运必须进行抑制方能运输的货物时，应当从货主处得到有关抑制剂的使用说明和注意事项及其有效期。

13.大副应根据航次指令,制订出周密可行的装卸计划。制订装卸计划应注意以下因素:

(1)液货舱的最大充装量,在基准温度下,不能超过液货舱容的98%;

(2)装运需抑制的货物时,计算装货总量时,还应考虑到需添加的抑制剂的数量;

(3)同时装载几种货品时,会起化学反应的货物,只有当整个货物系统,包括(但不限于)货物管路,液货舱通风系统和冷冻系统为实际隔离时,才许可进行装载;

(4)如两种或两种以上性质基本相似的货物混装,除非货主有另外的要求,应先装饱和蒸汽压较低者;

(5)大副应将货物资料的主要内容(如理化性质、毒性、灭火方法、意外接触时的应急处理等),张贴在货控室和公共场所。

14.装货前的准备工作:

(1)甲板值班人员要穿好防静电服(鞋),戴好安全帽、护目镜和手套;备好防毒面具及安全装备;

(2)检查甲板上使用的照明设备和对讲机必须是防爆型的;

(3)关闭好生活区通往外部的门窗,生活区空调设为外循环方式以保证室内正压,同时保持货物压缩机舱和货泵舱的连续通风;

(4)靠泊期间首尾外挡各备有一根防火缆;

(5)货管出口处备好至少两瓶6 kg以上的手提灭火器,大型干粉灭火系统备妥处于随时可用状态;

(6)连接好船岸地线;

(7)靠泊期间不得进行加油、加水和有碍船舶动力的维修保养工作;

(8)检查并关闭管线上所有的阀门,并用绳子绑牢;

(9)打开装货管线上的阀门,当全开阀门时,应回转1/4转,以免阀门受到过高的液压冲击卡死;

(10)如果使用岸方提供的软管卸货,船方应同岸方的负责人一起,检查软管的证书,包括质量合格证书和试验报告,管上所标的试验压力,应能满足最大的工作压力;

(11)由于管线内有较高的压力,拆卸盲板前,必须先将管线内的高压气体经透气桅放掉;

(12)用货物蒸气或岸上的氮气置换软管里的空气,供气及排气的速度要缓慢进行。置换合格后,进行压力试验;

(13)启动应急切断系统液压油泵,并时刻注意其压力,压力不足时及时补压;

(14)同岸方负责人一起检查落实并签署船岸安全检查表;

(15)安放好船岸间的舷梯,并在其下方铺设好安全网,备妥救生圈;

(16)对液位报警装置、压力监测装置及应急切断装置等应急设备进行功能试验,确认处于正常工作状态。

15.装货过程:

(1)装货作业开始:当船/岸双方都准备妥后,大副指令进行装货作业。此时大副应注意检查货物是否已进入货舱。开始时:

(a)速率不得超过商定的最初作业速率,并检查确认;

(b)计划进货舱已进货,计划非进货舱未进货;

(c)管线、喉管接头和双方法兰无泄漏。

以上各项检查满意后,大副通知岸方以商定装载速率作业,在整个提速过程中,值班驾驶员应进行检查,确保无跑冒滴漏等现象发生。

(2)装载作业期间:

(a)装货作业开始阶段是关键性的,特别当储罐与码头之间有较大距离时,船上液货舱的压力须定期检查,无论如何不得让压力释放阀跳开。当保持允许的货舱压力有困难时,须减低装货速度,必要时停止装货;装货过程中,在任何应急情况下,或有任何不安全因素时,应立即停止装货。

(b)装货作业过程中,值班人员应密切监视液货舱内的液位、温度与压力,并严格控制在设计允许的范围内。如液货舱内设有液货喷洒管,装货时通常应使部分液货分流到支管喷洒,以降低舱内温度,并使蒸发均衡。按大副装货计划的要求转换液货舱。当环境温度达到30℃时,应洒水降温,当罐内压力升至9 kg时,船方和岸方打开气相连通,如果岸方不许可气相连通,船方启动压缩机进行内循环降压,启动压缩机前关闭货罐内部液货喷淋降压装置,并做好记录。

(c)整个装货过程中,特别是装货后值班驾驶员应定期进行盘泵,防止因货物中水分超标导致货泵被冻住。

(3)停止装货:在装货结束前30 min,应加强与码头装货负责人联系,减慢装货速度。到预定货量时(留有充分的余地),立即通知码头停止供货,以便使液舱能容纳管路中的剩液。

(4)扫线:将软管或硬臂段的液货吹扫到本船液货舱或回扫到对方货罐。扫线作业可由对方进行或由船方进行。当我船液货舱内压力较高,对方货罐压力较低时,可利用本船的高压蒸气进行扫线;一般情况是开启本船的压缩机进行扫线作业。在此段没有液相或液相很少时停压缩机,关闭各阀门。

(5)排空:打开通往透气系统的阀门,将软管或硬臂内的货物蒸气通过透气桅排放到空气中,直到总管处的表压力为零。

(6)拆管:在判定液体已从管路被排尽并已经排气降压,而且船/岸靠近接头的隔断阀及其他有关的阀门已关闭之后,方可拆开船岸连接。再拆除接地电缆(如设有时),装上法兰、盲板,收好工具,消防器材复位,释放应急截止系统。

(7)装货结束0.5 h后,在放残水处检查液货舱是否进水。若发现有水,应通知岸方进行处理,并及时报告公司经营主管。

16.卸货前的准备:

(1)卸货前大副及二副在靠泊时应指派人员在艏艉的外舷显示红旗及放置好应急拖缆。

(2)大副会同岸方按《船/岸安全检查表》检查,商定好船岸通信方法和应急信号,做好记录,若有缺陷应立即报公司经营主管。

(3)值班驾驶员应检查货物系统的仪表、液位计,可燃气体探测器处于正常工作状态,电台天线已经接地,安全阀已正确调定,并将检查情况报告大副。

(4)轮机长应指派机舱人员盖好排烟管金属防护罩及机舱天窗。检查压缩机、货泵、阀门、液舱安全阀等情况是否正常,还应使液压系统、通风系统报警及控制系统处于工作状态。

此外应按当地规定做好船岸间的电气连接。

(5)值班轮机员应检查机舱锅炉、烟道、排气总管、燃烧设备和烟囱防烟网罩等,确保其处于良好状态,检查完毕后应向轮机长报告。

(6)大副应会同商检/岸方进行计量,并有商检和大副共同出具计量报告,取得相关货运单证。对于发生货物纠纷或异议,请按照相关程序处理。

(7)准备工作中发现异常情况时应立即处理,并报告船长。

(8)完成船岸安全检查,装货准备工作已经完成,在取得主管机关的同意后,大副可安排船岸连接。

(9)大副应首先对货泵进行盘泵,防止货泵底部被冻住,特别是在冬季环境温度低于零度以下的时候。

(10)船/岸连接:

(a)货物总管接头区域操作过程可能有货物蒸气泄漏,因此应特别小心,要确保不存在点火源。

(b)使用工具接拆管时要轻拿轻放,谨慎操作,防止铁器掉落甲板面产生火花;在开阀门时,应小心,防止撞击

(c)拆卸管路的法兰或盲板时,必须排空管路的液体,确认压力为零时,方可拆卸。

(d)如船岸之间采用接地电缆作防静电连接,则接地电缆应在软管连接之前装妥,在软管拆开之后才能解脱,并应在作业期间内保持连通。当设有绝缘法兰或不导电软管时,就应保证不会有其他金属与岸上接触而产生火花。

(e)要小心避免空气或污染物进入管路;必要时应进行置换。

(f)启动应急截止阀。

(g)作业前应对货泵、压缩机给予特别注意,启动前应先检查绝缘值。大副应进行盘泵,确保货泵正常。

(h)试压、试漏:用氮气或用船或岸一方(取压力较高一方)的蒸汽试压无泄漏,方可开始

装卸作业。试验压力一般应达到最大装卸货压力的1.5倍,结果应记入"货物装卸作业记录"。不准用明火试漏,试漏工作可用肥皂水进行测试。

(i)管线置换:用惰性气体或货物蒸气将连接管线段的空气清除。此操作可结合试压、试漏进行,一般二到三次即可达到目的。完毕后将此段排空。

(j)如果需接岸上的气相回流管,也应将相应的气相阀打开,保持需连通的液货舱与对方气相管的连通。

17.卸货作业:

(1)卸货作业开始:

(a)开阀:当船/岸双方都准备妥当,并得到码头方明确通知后,方可打开船上喉管阀及相关的液相和气相阀门。

(b)开泵:启动货泵,在开始卸货时,应以船/岸双方商定的初始速度进行,正常后以双方商定的速度卸货。检查对方有无收到货物。

(c)检查船上管线、喉管接头和法兰无泄漏。

(2)卸货作业期间:

(a)值班人员应经常检查货舱情况,并做好记录。按大副要求转换卸货舱。换泵时应先通知值班轮机员。

(b)在卸货中,应频繁检查卸货管路的接口和密封垫片有无泄漏。

(c)监测液位读数,如读数不变则表明有故障应予查明,并小心保证货泵不要抽空。

(d)当卸载不同货物时,应注意先后顺序,防止货物相互间混合、串通、污染等。

(e)随着货物卸出,舱内的压力将趋于降低,如卸货速率高到一定程度,应注意避免形成负压,可采取接通船/岸的气相管路由岸上引入蒸气或降低卸货速率。

(f)在任何时候都必须让货泵内液货的压力高于货物饱和蒸气压力,以防止货泵气蚀。同时为有效防止货泵气蚀、气塞和排不出货,可利用货泵和压缩机联合工作。

(g)停泵:舱内液货接近抽完时,要小心保证液货不会抽空,应逐渐关小泵的排出阀以防止抽空并使之能泵出最大数量的液货,并保证泵的润滑和冷却。应根据说明书的要求采取自动或人工停泵的方式。预计结束前15~20 min,通知对方做好准备。当卸到预定液位或液体没有时,停泵。

(h)卸货完毕后,对液相管进行扫线、降压,然后关闭截止阀,再将船岸联线拆开。必要时,作相关净化处理。

(i)大副会同商检/岸方计量,签署船舶计量报告,同时取得其他有关货运单证。如有货量纠纷或异议,应提交船长声明,具体见公司相关规定。

18.更换货种:如下航次拟装的货物与以前的货物不同,则应认真处理。如货物间会发生反应、或污染、或货主有要求,则应进行清舱。

19.防气体污染：

(1)船舶在码头装卸作业或清除舱气时,应严格按照港口或码头的有关气体排放的规定来执行;

(2)在用滑管式液位计量舱时,应尽可能地缩短时间;

(3)如需要在港内进行置换作业,则首先应向港口管理机关申报,在得到管理机关的书面批准后,才能进行作业。

20.防液货污染：

(1)严格按照国家和港口的有关防止造成有毒液体物质的污染规定执行;

(2)如适装证书中含有有毒货物,船上应有主管部门认可的程序布置手册(P&A);

(3)及时更新油污应急计划中的通信录。

21.人员不得进入可能有有害气体聚集的液货舱、货舱处所、留空处所和货物装卸处所。

22.保护设备和安全设备应保存在易于到达且具有明显标志的柜内。

23.应配备适当的医疗急救设备,包括氧气复苏仪和供载运货物用的解毒剂。

24.两套额外的呼吸防毒面具和眼睛保护设备,应永久地存放在驾驶室内,甲板上方便之处应设有适当标志的洗除污染的喷头和眼睛冲洗设备。

25.进入封闭场所,按照进入封闭场所程序测量结果符合要求,获得船长批准后才能进入。

26.船舶应根据港口的防污染、吃水、稳性、强度、航线、天气及港口的特殊要求等制订压载水排放程序。

27.LPG船为专用清洁压载舱,在制订计划时应充分考虑以下各点：

(1)满足载重线要求;

(2)防污染要求;

(3)最大吃水、最小吃水及吃水差的要求;

(4)根据核定批准的稳性、受力要求;

(5)注意自由液面对船舶稳性的影响;

(6)航线受天气影响;

(7)压载水操作的方法、顺序及监控;

(8)刚开始排放时,注意观察出口是否含有油污,以防造成水域污染。

28.根据船舶设备和人员配备,建立适合本船的应急程序及操作程序。

29.特别注意事项：

(1)必须遵守船员日常防火防爆守则;

(2)必须遵守港口的有关规定;

(3)必须遵守LPG船拆、接管(装卸管)操作须知;

(4)提供安全泊位,船岸设施完好,适于装卸作业;

（5）系好防火缆，主机处于备车状态；

（6）船岸间建立有效通信联络；

（7）根据本航次所载货物性质制订应急操作程序，并在适当位置张贴；

（8）必须遵守值班的有关规定；

（9）装卸货作业期间不得进行加油、加水等作业及它船傍靠。

第十三章

液化气船船舶检查

211

第一节　船舶安全检查

要点

液化气船是危险船舶,这类船舶及船员的要求都很高,因此船舶的安全检查也比较严格。

必备知识

一、中国海事局船舶安全检查概述

船舶安全检查是为了保证船舶运输安全,海事管理机构按照规定的程序,对船舶的集合体的安全属性实施的检查,以确保其符合有关法律、法规的规定和要求。

船舶安全检查由海事管理机构主动发起,属抽查性质,对船舶不是强制的,船舶无须主动提出初次船舶安全检查的申请。海事管理机构根据选船原则,主动选择目标船舶并实施检查,而船舶处于被动的接受检查的地位。因此,船舶安全检查是海事管理机构的主动管理行为。

船舶安全检查的操作方式是海事管理机构根据选船原则,对在港船舶进行选择,确定目标船并实施检查。在不造成船舶不适当延误的前提下,海事机构可以选择在船舶任何一次停靠港口期间对其实施检查,因此可称为对船舶营运期间安全状况的动态控制。船舶安全检查的间隔一般为6个月,但对于具有特殊危险的船舶和安全记录较差的船舶,没有6个月的限制,海事机构认为必要时随时可对其进行检查,以消除安全隐患,保证船舶运输安全。

船舶是一个动态系统,如果船舶在营运过程中维护保养不良,缺陷就会产生,这种缺陷可称为"新"缺陷;而有的缺陷在船舶检验时已经存在,只是未被发现并要求纠正,这种缺陷可称为"遗留"缺陷。船舶安全检查的首要作用在于通过对船舶的检查,发现这类"新"或"遗留"的缺陷,要求船舶采取纠正措施,从而监督船舶长期保持适航状况。

因此,船舶安全检查是一种由海事管理机构主动采取的、对船舶集合体安全营运状况的动态控制管理职能,作为对船舶检验、船员管理、安全管理体系审核等"源头"海事管理职能的积极补充,船舶安全检查能够发现并要求船舶纠正存在的缺陷,消除安全隐患,保证船舶运输安全。通过积极发挥船舶安全检查的反馈控制作用,船舶安全检查职能与"源头"海事管理职能的积极协作、配合,可以使得海事管理体系更加完整、严密,并形成协调、自我控制的动态运行机制,从而提高海事管理的质量和效率。

二、液化气船安全检查主要项目

液化气船安全检查的内容主要分三大部分:

(1)船舶证书及文件的检查;

(2)对船体和机电设备及航行仪器状况的检查;

(3)根据相关法规公约的要求,对船员在船舶及防污染方面操作要领、熟练程度的检查。

检查主要项目如下:

1.液化气船安全检查前的查询项目

(1)一般船舶资料;

(2)证书、文件;

(3)资料手册;

(4)人员配备与证书;

(5)船舶操纵;

(6)货物信息;

(7)液货舱有关内容;

(8)货物应急截止系统;

(9)货物操作;

(10)仪表装置;

(11)安全管理;

(12)照明、通信设备;

(13)船体状况和坞修详情。

2.现场勘查内容

(1)驾驶台各设备仪器是否处于良好状态;

(2)安全设备;

(3)系泊设备;

(4)液货舱;

(5)货物管路;

(6)装卸总管接头;

(7)货物操作设备;

(8)机舱;

(9)操舵设备;

(10)消防设备;

（11）厨房；

（12）试验记录。

3.其他项目

（1）船员管理；

（2）设备管理；

（3）航线计划、常规命令等。

第二节　船级社的检查

要点

　　船舶检验的宗旨是保证船舶安全，使其安全适航。标准为国内相关的法律法规及船舶建造规范。

必备知识

一、检验的申请

1.年度检验和期间检验

　　船长是船舶证书的管理人，必须熟悉本船舶所有船舶证书的有效期，在证书到期日前三个月，书面向公司相关部门报告。

　　在检验日期之内在港的船舶，由机务主管安排验船师上船检验。在申请检验前，机务主管要提前通知船上做好相应的准备工作。

2.坞内检验和特检

　　坞检和特检必须在船厂内进行，检验由机务主管向船级社提出申请，并将检验项目及修理工程开列清楚，以备报检。

二、检验前的准备工作

1.文件准备

（1）船长应将有关证书、报告、记录准备好备查。

（2）船长应将船上自查"货舱、压载舱检查记录"准备好。

（3）轮机长应将检修记录（对循环检验而言）准备好。

2.设备准备

（1）轮机长必须确保应急、消防、救生及防止污染等有关设备处于随时可试验状态保持设备及环境的清洁。

（2）轮机长必须确保报检的循环检验设备的各部件备妥待查，并保持周围环境的整洁。

三、信息反馈及文件归档

检验完成后，船长、轮机长应及时将检验信息反馈到公司，并将文件的副本寄回公司，正本及其他文件归档备查。

参考文献

[1] 罗龙军. 液化气船安全知识和操作. 大连:大连海事大学出版社,1999.

[2] 中华人民共和国上海海事局. 散装液体货船船员知识更新培训教材. 北京:人民交通出版社,2009.

[3] 张建斌,林志豪,魏伟坚,等. 液化天然气船舶安全监督管理. 大连:大连海事大学出版社,2010.

[4] 刘屹. 液化气船货物操作. 大连:大连海事大学出版社,2012.

[5] 顾安忠. 液化天然气技术. 北京:机械工业出版社,2008.

[6] 王茹军. 内河LNG燃料动力船舶安全知识与操作. 武汉:武汉理工大学出版社,2015.

[7] 天然气动力船法定检验暂行规定. 北京:人民交通出版社,2013.